Gottfried Wilhelm Leibniz

mit Selbstzeugnissen
und Bilddokumenten
dargestellt von
Reinhard Finster / Gerd van den Heuvel

Rowohlt

Dieser Band wurde eigens für «rowohlts monographien» geschrieben
Den Anhang besorgten die Autoren
Herausgeber: Wolfgang Müller
Redaktion: Uwe Naumann
Redaktionsassistenz: Katrin Finkemeier
Umschlaggestaltung: Walter Hellmann
Vorderseite: Leibniz. Porträt eines unbekannten Künstlers
(Niedersächsische Landesbibliothek, Hannover)
Rückseite: Darstellung der Dyadik auf einem Medaillenentwurf
für Herzog Rudolf August (Niedersächsische Landesbibliothek, Hannover)

Veröffentlicht im Rowohlt Taschenbuch Verlag GmbH,
Reinbek bei Hamburg, Oktober 1990
Copyright © 1990 by Rowohlt Taschenbuch Verlag GmbH,
Reinbek bei Hamburg
Alle Rechte an dieser Ausgabe vorbehalten
Satz Times (Linotronic 500)
Gesamtherstellung Clausen & Bosse, Leck
Printed in Germany
1090-ISBN 3 499 50481 2

2. Auflage. 9.–11. Tausend Dezember 1993

rowohlts monographien
begründet von Kurt Kusenberg
herausgegeben
von Wolfgang Müller

Inhalt

Hoc duce in immensi penetravimus intima veri
Nec probat autorem mens magis ulla Deum

Gottfried Wilhelm Leibniz. Stich von Martin Bernigeroth, 1703. Nach dem Gemälde von Andreas Scheits

Leben und Wirken

Kindheit – Schule – Universität

«21. Junii am Sontag 1646 ist mein Sohn Gottfried Wilhelm... ¼ uff 7 uhr abents zur welt gebohren».[1]* So vermerkte Friedrich Leibnütz, Aktuar und Professor der Moral an der Universität Leipzig, in der Familienchronik die Geburt seines ersten Kindes aus dritter Ehe, die er 1644 mit Catharina Schmuck, der Tochter eines angesehenen Leipziger Juristen, geschlossen hatte. Eine Schwester, Anna Catharina, wurde 1648 geboren. Deren Stiefsohn Friedrich Simon Löffler (geb. 1669) wird später Leibniz' Universalerbe.

Leibniz' Eltern, zu deren Vorfahren Beamte, Lehrer, Theologen, Bergtechniker und Gewerbetreibende zählten, konnten sich dem gelehrten Bürgertum der bedeutendsten sächsischen Universitäts- und Handelsstadt zurechnen. Leipzig hatte als lohnende Beute aller kriegführenden Parteien die Schrecken des Dreißigjährigen Kriegs schmerzlich erfahren müssen, und die Hauptaufgabe des Vaters war es neben seiner Tätigkeit als Notar gewesen, den Bestand der Universität in diesen unruhigen Zeiten zu sichern.

Den Familiennamen führte Leibniz bei späteren Sprachforschungen auf slavische Ursprünge zurück; Orts- und Flußnamen wie Lipnice, Lübnitz, Lipnita finden sich in weiter Streuung von Bayern bis zur Ukraine und in größerer Zahl auch zwischen Elbe und Saale, wo die Familie beheimatet war. Die uns vertraute Namensform gebrauchte Leibniz seit 1671. Zu seinen Vorfahren zählte auch der Hauptmann Paul von Leubnitz, der für seine Dienste im Jahre 1600 nobilitiert worden war und ein Wappen führen durfte. Der kinderlos gestorbene Vorfahre konnte diesen Adel nicht weitergeben; allerdings blieb sein Wappen im Gebrauch der Familie, und auch Leibniz hat es als Siegel – mit leichten heraldischen Änderungen – seit 1676 benutzt. Für eine Verleihung des Adels an Gottfried

---

* Die hochgestellten Ziffern verweisen auf die Anmerkungen S. 134 ff. Fremdsprachige Selbstzeugnisse (meist Latein oder Französisch) werden in moderner deutscher Übersetzung wiedergegeben. Deutschsprachige Texte von Leibniz werden sprachlich und orthographisch unverändert übernommen.

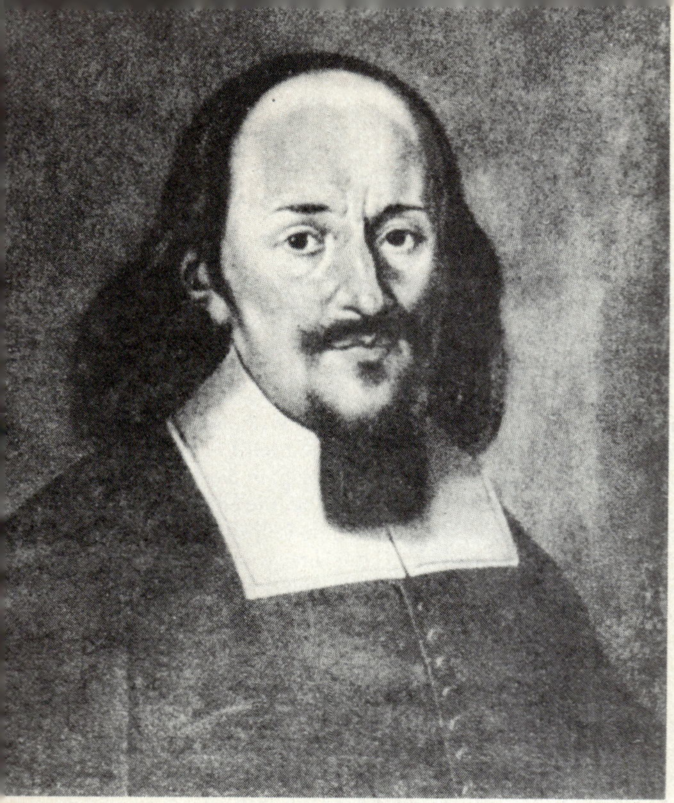

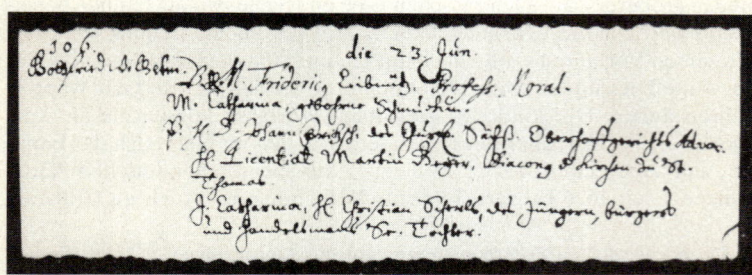

Leibniz' Vater. Porträt von unbekanntem Maler

106
die 23. Jun.
Gottfried Wilhelm
M. Catharina, geborne Schmückhin.

Leibniz' Eintrag ins Taufregister der Leipziger Nicolaikirche,
23. Juni 1646 (alter Stil)

Wilhelm Leibniz gibt es keinen Nachweis, auch wenn zahlreiche Publikationen späterer Zeit dem «Freiherrn von Leibnitz» dieses Prädikat zusprachen. Er selbst hat sich aber seit 1700 bisweilen im Briefwechsel mit fürstlichen Personen und Beamten und in offiziellen Urkunden, wie der Ernennung zum Präsidenten der Berliner Akademie der Wissenschaften, des Adelsprädikats bedient, wobei Eitelkeiten des geschätzten Gesprächspartners und Beraters von Königen und Fürsten sowie das Ringen um Einfluß und Gewicht des bürgerlichen Gelehrten in der höfischen Gesellschaft zum Nutzen seiner zahlreichen Projekte gleichermaßen als Motiv gedient haben mögen.

Über Leibniz' Kindheit besitzen wir nur wenige Nachrichten durch Selbstzeugnisse aus späterer Zeit. Besonders in Erinnerung geblieben war ihm die frühe Lektüre, die der Vater noch vor der Schulzeit förderte. *Als ich heranwuchs*, so berichtete er Jahrzehnte später, *fand ich am Lesen von Geschichten ein außerordentliches Vergnügen. Die Histori und poesin auch notitiam rei literariae haben ich als noch ein Knabe anstatt des Spiels geliebet.*[2] Kaum sechsjährig verlor Leibniz im September 1652 seinen Vater; die Mutter, von der wir nur wenige Charakterzüge der frommen, treusorgenden Frau aus den Stereotypen der zeitgenössischen Leichenpredigten kennen, starb 1664.

Im Juli 1653 begann Leibniz seine Schulzeit in der Nicolaischule, die er bis Ostern 1661 besuchte. Die gleichzeitig mit dem Schulbeginn erfolgte Immatrikulation an der Leipziger Universität war ein Privileg, das ihm als

Leipziger Nicolaischule. Zeitgenössischer Stich

DISPUTATIO METAPHYSICA
De
PRINCIPIO
INDIVIDVI,
Qvam
DEO O. M. ANNUENTE
Et
Indultu Inclytæ Philosoph. Facultatis
In Illustri Academiâ Lipsiensi
PRÆSIDE
Viro Excellentissimo & Clarissimo
DN. M. JACOBO THOMASIO
Eloqvent. P.P. Min. Princ. Colleg.
Collegiato
Præceptore & Fautore suo Maximo
Publicè ventilandam proponit
GOTTFREDUS GUILIELMUS
LEIBNUZIUS,
Lips. Philos. & B. A. Baccal.
Aut. & Resp.
30. Maji Anni M DC LXIII.

LIPSIÆ,
Typis Viduæ HENNINGI COLERI.

Titelblatt der
«Disputatio
metaphysica»

Professorensohn zustand. Der Unterricht konnte den lernbegierigen Schüler nur wenig fesseln, und so begann er, kaum achtjährig, als Autodidakt mit der Lektüre lateinischer Texte. Ein neueres historisches Werk erschloß sich ihm leicht, weil er die Materie aus deutschen Texten kannte. Das klassische Latein des Livius bereitete ihm anfangs einige Schwierigkeiten, *weil es aber eine alte Ausgabe mit Holzschnitten war, so betrachtete ich diese eifrig, las hier und da die darunterstehenden Worte... und was ich gar nicht verstand, übersprang ich. Als ich dies öfter getan, das ganze Buch durchgeblättert hatte... verstand ich viel mehr davon. Darüber hoch erfreut, fuhr ich ohne irgendein Wörterbuch fort, bis mir das meiste ebenso klar war, und ich immer tiefer in den Sinn eindrang.*[3] Auf Anraten eines Freundes der Familie öffnete sich dem Knaben 1654 die bislang verschlossene väterliche Bibliothek, die er gleichsam verschlang und die ihm die lateinischen Klassiker ebenso vertraut werden ließ wie die Kirchenväter, die Grundlagen der aristotelischen Logik und die Metaphysik der Scholastiker. Das Lateinische beherrschte er in Wort und Schrift bald in solcher Perfektion, daß er 1659 anläßlich einer Schulfeier ein Pfingstgedicht von 300 Hexametern an Stelle eines erkrankten Mitschülers in nur einem Vormittag niederschrieb und unter dem Beifall der Lehrer vortrug.

Mit den Grundlagen des Fachs bestens vertraut, begann Leibniz im April 1661 das Studium der Philosophie an der Universität seiner Heimatstadt. Daneben hörte er Vorlesungen über Mathematik, griechische und lateinische Poesie. Im vierten Semester zum Baccalaureus promoviert, verteidigte er 1663 unter dem Vorsitz von Jakob Thomasius seine erste akademische Schrift, die *Disputatio metaphysica de principio individui*, in

Universität Jena. Stich von Johann Dürr, 1661

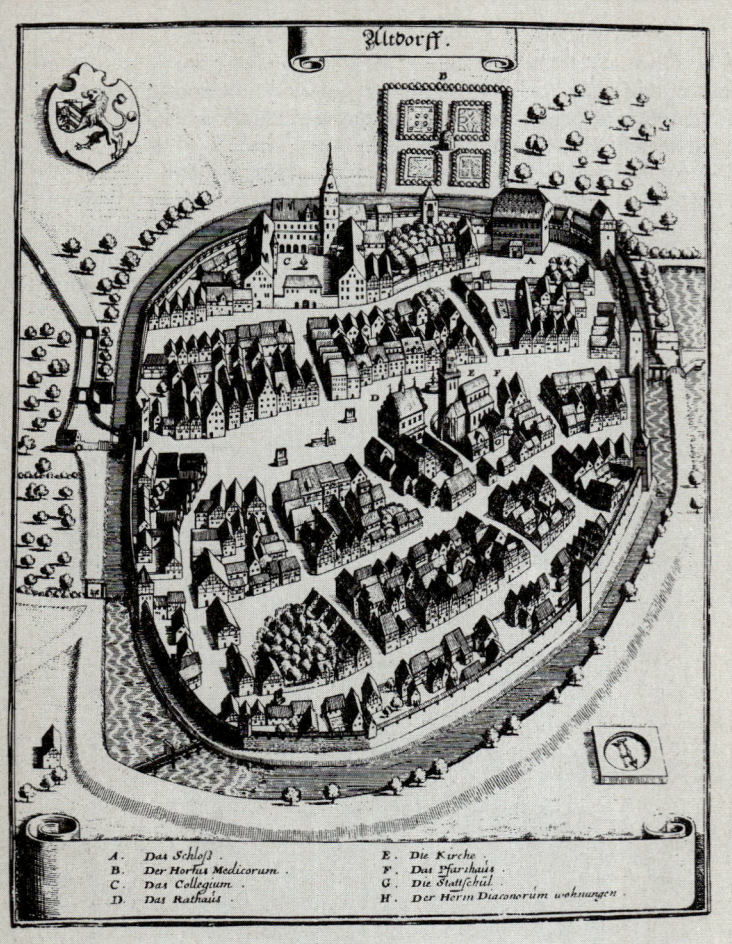

A.   Das Schloß.
B.   Der Hortus Medicorum.
C.   Das Collegium.
D.   Das Rathaus.
E.   Die Kirche.
F.   Das Pfarrhaus.
G.   Die Stattschul.
H.   Der Herrn Diaconorum wohnungen.

Altdorf. Zeitgenössischer Stich

der die Grundlagen seiner späteren Metaphysik bereits anklingen. Im Sommer 1663 wechselte Leibniz für ein Semester zur Universität Jena, wo der Mathematiker und Philosoph Erhard Weigel, der mit mathematischer Beweisführung die Widersprüche der Scholastiker aufdeckte, besonderen Einfluß auf die weitere intellektuelle Entwicklung des Studenten gewann.

Zurück in Leipzig begann Leibniz im Wintersemester des Jahres 1663 ein juristisches Fachstudium. Von der ihm bekannten Theorie eher gelangweilt, wurde er durch einen Assessor am Leipziger Hofgericht mit der juristischen Praxis vertraut, während er gleichzeitig seinen übrigen wissenschaftlichen Neigungen nachging, *über nichts glücklicher, als daß ich meine Studien nicht nach der Meinung anderer, sondern nach meinem eigenen Willen gestaltet hatte*[4]. Aber trotz weiterer hervorragender Veröffentlichungen blieb ihm letztlich die Anerkennung der Universität Leipzig versagt. Die Promotion zum Doktor beider Rechte wurde dem kaum Zwanzigjährigen nicht gestattet, weil ältere Bewerber sich übergangen fühlten. Mehr als 40 Jahre später, auf dem Gipfel seiner Reputation, wird Leibniz ohne Groll, aber mit etwas Ironie und offener Genugtuung über die Wende, die sein Leben damit nahm, auf diese Episode zurückblicken. *Ich liebe Leipzig*, so schreibt er 1708 dem Leipziger Theologen Adam Rechenberg, *wie es sich für die Heimat geziemt, und habe nicht das Gefühl, daß sie gegen mich undankbar war. Ich habe keinen Grund zur Klage darüber, daß ich als junger Mann und fast noch ein Knabe unter so vielen Männern, die an Alter und Gelehrsamkeit hervorragten, nicht auffiel. Dennoch reut mich meine Ungeduld nicht. Die Irrtümer der Menschen werden durch die göttliche Vorsehung gelenkt, so daß oft schlechte Entschlüsse zum Guten führen.*[5]

Auditorium Welserianum der Universität Altdorf

Ohne lange zu zögern verließ Leibniz seine Vaterstadt, brennend *vor Begierde, größeren Ruhm in den Wissenschaften zu erwerben und die Welt kennenzulernen* [6]. Er wechselte zur nürnbergischen Universität Altdorf und erwarb dort unter dem größten Beifall der juristischen Fakultät mit der *Disputatio de casibus perplexis in jure* den Doktorgrad. Die glänzende universitäre Karriere, die sich Leibniz nun mit 21 Jahren durch das Angebot einer Professur an der Universität der Reichsstadt eröffnete, schlug er aus. Bestimmend für diesen Entschluß war wohl die Einsicht, daß die Entfaltung und praktische Anwendung seiner Fähigkeiten in den verkrusteten Strukturen einer Universität kaum gelingen würde. Noch ein halbes Jahr blieb er in Nürnberg, gewann dort Zugang zu einer alchimistischen Gesellschaft, über deren Obskurantismus er sich in späteren Jahren zwar mokierte, an deren Laboratoriumsversuchen er aber doch einige Zeit wohl selbst teilgenommen hat. Im Herbst des Jahres 1667 verließ Leibniz Nürnberg, zunächst mit dem Ziel Holland.

Frankfurt – Mainz – Paris (1667–1676)

In Frankfurt, das er Ende November 1667 erreichte, besuchte Leibniz einen entfernten Verwandten. Bei ihm stellte er, wie schon in Leipzig und Nürnberg, einen Schuldschein auf das ererbte elterliche Vermögen aus; es war wohl die einzige Einnahmequelle, über die der gerade promovierte Jurist zu dieser Zeit verfügte. So mag auch seine finanzielle Lage ihn bewogen haben, zunächst in Frankfurt zu bleiben und von dort aus Möglichkeiten für eine Anstellung zu sondieren, was dem kontaktfreudigen und eloquenten jungen Mann leichtfiel. Bekanntschaften mit einflußreichen Persönlichkeiten, die Leibniz wahrscheinlich von Frankfurt aus knüpfte, sollten seinen weiteren Lebensweg zwischen Wissenschaft und Politik wesentlich mitbestimmen. Nur sehr beiläufig schildert er aus der Erinnerung diese Zeit. *Als ich aber durch Maynz passiret, der meinung nach Holland und weiter zu gehen, bin ich bey dem dahmaligen berühmten Churfürsten Johann Philipp in Kundschafft kommen, der mich bey sich behalten... und habe alda angefangen mit den gelehrtesten Leuten in und außer Teutschland zu correspondiren.* [7]

Die Aufgaben, für die sich Leibniz in Mainz empfahl, waren jedoch kaum zufällig an ihn herangetragen worden. Von Frankfurt aus besuchte er im Herbst 1667 den Mainzer Hofrat Lasser, der den Auftrag erhalten hatte, eine Neufassung des «Corpus juris» zu entwerfen. Leibniz gelang es, seine eigenen Vorstellungen zur Systematisierung des Rechts überzeugend zu entwickeln, und zwar nicht nur im Gespräch, sondern auch in seiner eilends, ohne Handbibliothek und nach eigenen Angaben in Wirtshäusern verfaßten Reformschrift *Nova Methodus discendae docendaeque*

Mainz. Merian-Stich, 1633

jurisprudentiae, die er umgehend drucken ließ und dem Mainzer Kurfürsten widmete. Leibniz erhielt wenig später bei wöchentlicher Bezahlung eine Anstellung bei Lassers Unternehmen.

Etwa zur Zeit, als er diese Reformschrift zur Rechtslehre schrieb, lernte Leibniz den Mann kennen, der ihm die Welt der großen Politik eröffnete, zu der er sich als Berater bis zu seinem Lebensende immer wieder hingezogen fühlte, auch wenn Erfolg und Anerkennung ihm meist versagt blieben. Der zum Katholizismus konvertierte Diplomat Johann Christian von Boineburg, bis 1664 kurmainzischer Minister, dann wegen grundsätzlicher Meinungsverschiedenheiten über die Anlehnung an Frankreich in Ungnade gefallen, traf Leibniz gerade zu dem Zeitpunkt, als sich eine Aussöhnung mit dem Mainzer Kurfürsten Johann Philipp von Schönborn anbahnte. Leibniz wurde persönlicher Berater Boineburgs und entwarf in seinem Auftrag unter Pseudonym eine Denkschrift, die dem Diplomaten helfen sollte, die anstehende Königswahl in Polen für den Pfalzgrafen Philipp Wilhelm von Neuburg zu entscheiden. Die more geometrico, d. h. mit mathematischer Beweisführung für den Kandidaten als einzig möglichem König plädierende Schrift gelangte allerdings erst zum Druck, als die Wahl bereits zugunsten eines polnischen Bewerbers entschieden war.

Schon in den ersten Monaten in Mainz wird ein Grundzug von Leibniz' universalistisch ausgerichteter, damit oftmals aber auch sehr sprunghafter Arbeitsweise deutlich: an allen theologischen, wissenschaftlichen und politischen Fragen seiner Zeit Anteil nehmend, entwirft er Abhandlungen

15

zu religiösen Streitfragen, philosophischen, philologischen, physikalischen, mathematischen und historischen Problemen, widmet sich weiterhin der Justizreform, ist für die Familie Boineburg als Anwalt unterwegs, macht Eingaben an den Kaiser, um ein Privileg für eine wissenschaftliche Zeitschrift zu erwerben, und knüpft innerhalb kurzer Zeit ein weitverzweigtes Korrespondentennetz, das ihn am Ende seines Lebens mit mehr als 1100 Briefpartnern aus sechzehn Ländern in gedanklichen Austausch gebracht haben wird.

Im Sommer 1670 erhielt Leibniz die Anerkennung für seine Leistungen im Dienste des Kurfürsten. Obgleich Protestant, wurde er zum Revisionsrat am Oberappellationsgericht des Erzbistums ernannt. Neben diesem Brotberuf, der ihn finanziell sicherte, aber in keiner Weise ausfüllte, verstärkte er noch seine übrigen Aktivitäten. Für Boineburg arbeitet er dessen Vorstellungen aus zu einem Reichsbund deutscher Fürsten zwischen den Großmächten Frankreich und Österreich (*Bedenken welchergestalt Securitas publica interna et externa und Status praesens im Reich auf festen Fuß zu stellen*), er legt die Grundzüge einer universell ausgerichteten Akademie zur Wissenschaftsplanung dar, für deren Verwirklichung er später in Berlin, Dresden, Wien und beim russischen Zaren unermüdlich wirbt, und schließlich entwickelt er – wiederum in enger Konsultation mit dem Freiherrn von Boineburg – einen politischen Plan zur Ablenkung des französischen Expansionsdrangs in Europa, den *Ägyptischen Plan*.

Angesichts der französischen Besetzung Lothringens im September 1670 und die Bedrohung Hollands vor Augen, erhielt Leibniz den Auftrag, persönlich am französischen Hof eine Denkschrift zu übergeben, die Ludwig XIV. nahelegte, statt eines Kriegs in Europa eine Art Kreuzzug gegen das reiche moslemische Ägypten durchzuführen. Als Leibniz Ende März 1672 in Paris eintraf, war der Plan durch die politischen Ereignisse bereits überholt; der Einmarsch nach Holland stand unmittelbar bevor, und auch eine Audienz bei Ludwig XIV., in der der Mainzer Gesandte – ohne Leibniz' Begleitung – einen neuen Heiligen Krieg vorschlug, konnte den französischen König von seinen Kriegszielen nicht mehr abbringen. Die zahlreichen Entwürfe und Umarbeitungen des *Ägyptischen Plans* wurden nicht mehr veröffentlicht. Eine lange Zeit gehegte Vermutung, Napoleon sei durch ein Leibnizsches Manuskript zu seinem Ägypten-Feldzug von 1798 angeregt worden, gehört ins Reich der Legende. Allerdings erfuhr Napoleon nachträglich von Leibniz' Plan.

War die politische Mission, zu der Leibniz nach Frankreich aufgebrochen war, auch auf der ganzen Linie erfolglos, so eröffnete doch Paris als Zentrum europäischer Kultur und Wissenschaft dem jungen Gelehrten Entfaltungsmöglichkeiten, wie sie wohl an keinem anderen Ort – außer vielleicht in London – zu dieser Zeit gegeben waren. Noch 1672 macht er Bekanntschaft mit den Mathematikern Pierre de Carcavy und Christiaan Huygens, gewinnt Zugang zu mehreren gelehrten Zirkeln, und über Jean

Christiaan Huygens. Ausschnitt aus
einem Kupferstich von A. Bloteling, um 1685

Gallois, den Sekretär der Académie des Sciences, werden erste Kontakte
zu dieser prestigeträchtigsten Vereinigung der Wissenschaften in Frankreich geknüpft.

Noch immer in Diensten des Mainzer Kurfürsten nahm Leibniz im Januar 1673 an einer Gesandtschaft nach England teil. Im Gepäck hatte er
bereits ein erstes Modell seiner Rechenmaschine, die er unter den kriti-
schen Augen der Mitglieder der Royal Society mit solchem Erfolg vor-
führte, daß er im April desselben Jahres zum Mitglied dieser berühmten
wissenschaftlichen Gesellschaft ernannt wurde. Während dieses nur gut
einmonatigen England-Aufenthalts gewann er Einblick in die chemi-
schen Experimente von Robert Boyle und wurde durch den Kreis um
Newton mit dem neuesten Kenntnisstand der Physik und Mathematik
vertraut, den er, zurück in Paris, vor allem im Gespräch mit Christiaan
Huygens vertiefte und in der Mathematik bis hin zur eigenständigen Entdeckung des Infinitesimalkalküls fortentwickelte.

Durch den Tod seines Gönners und Freundes Boineburg Ende 1672

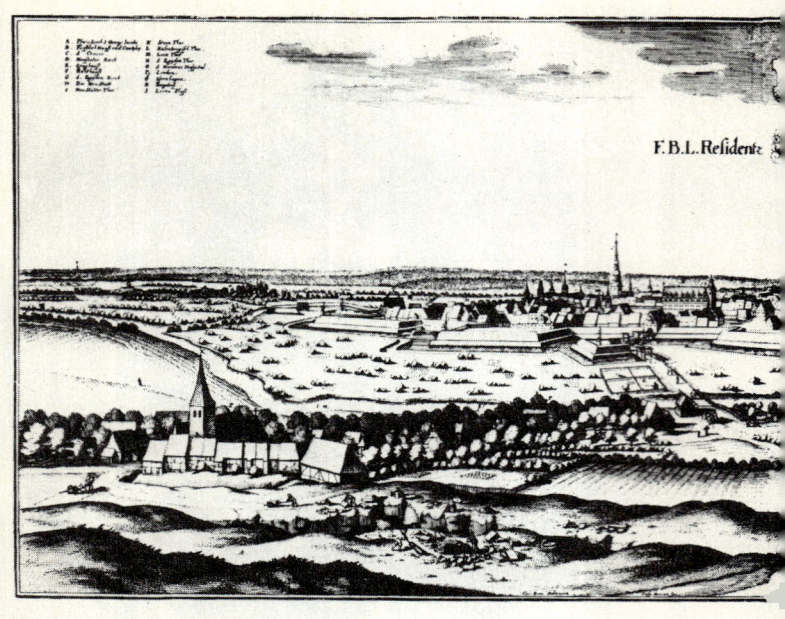

Hannover. Zeitgenössischer Merian-Stich

und des Mainzer Kurfürsten Anfang 1673 verschlechterte sich unterdessen Leibniz' persönliche Situation. Ohne feste Besoldung vermochte er sich nur eine Zeitlang durch juristische Gutachten finanziell über Wasser zu halten, doch reichte dies nicht aus, auf Dauer in Paris zu bleiben, zumal der Bau der Rechenmaschine, den er auch in Paris von einem französischen Mechaniker fortführen ließ, erhebliche Kosten verursachte. Seit 1673 sondierte er deshalb Angebote verschiedener Fürstenhäuser, in ihre Dienste zu treten, betonte dabei jedoch stets, daß es ihm nicht darum gehe, *so viel Geld wie möglich anzuhäufen... sondern meinen Geist zufriedenzustellen, indem ich etwas Greifbares und Nützliches für das allgemeine Wohl leiste. Ich gestehe auch*, so charakterisiert er bei dieser Gelegenheit seine eigene Person, *daß ich einen Fehler habe, der in der Welt als schwerwiegend gilt: nämlich häufig gegen das Zeremoniell zu verstoßen und bei der ersten Begegnung keinen allzu guten Eindruck zu machen. Wenn man auf diese Dinge großes Gewicht legt... und wenn es gilt zu trinken, um zu gelten, so wissen Sie selbst, daß ich dann fehl am Platze bin.*[8]

Der Versuch, durch Ämterkauf in Frankreich an ein gesichertes Einkommen zu gelangen, scheiterte ebenso wie die ersehnte Aufnahme in die Académie des Sciences; und auch die Hoffnung, *daß ich ein amphibisches Wesen sein werde, das bald in Deutschland, bald in Frankreich lebt*[9], ein Gelehrter, der in freier Selbstbestimmung die selbstgesteckten wissenschaftlichen Aufgaben zum Nutzen der Allgemeinheit verfolgt, erfüllte sich nicht. So entschloß sich Leibniz 1676, das mehrmals wiederholte Angebot des hannoverschen Herzogs Johann Friedrich, als Hofrat und Bibliothekar in seine Dienste zu treten, anzunehmen. Vom Herzog mehrfach gedrängt, nach Hannover überzusiedeln, verließ Leibniz im Oktober 1676 Paris, hielt sich noch einmal für zehn Tage in London auf, wo er Einblick in die Papiere Newtons nahm, nutzte die Rückfahrt durch Holland u. a. zu philosophischen Gesprächen mit Spinoza im Haag und traf endlich Mitte Dezember 1676 in Hannover ein, das für die ihm verbleibenden 40 Jahre seines Lebens zur hauptsächlichen Wirkungsstätte werden sollte.

Im Dienste des Hauses Hannover (1676–1698)

So berühmt und geschätzt Leibniz schon zu Lebzeiten war, so wenig erfahren wir von den Zeitgenossen über Persönlichkeit und Charakter des Universalgelehrten. Die meisten Aussagen dazu gehen auf Leibniz selbst zurück, der sich zu Beginn seiner hannoverschen Tätigkeit so sieht: *Er ist hagerer mittelmäßiger Statur, hat ein blasses Gesicht, sehr oft kalte Hände, Füße, die wie die Finger seiner Hände nach Verhältniß der übrigen Theile seines Körpers zu lang und zu dünn sind, und keine Anlage zum Schweiß. Er hat bräunliches Haar auf dem Haupte, am Leibe ist er nur sparsam damit versehen. Er hatte von Kindheit an kein scharfes Gesicht, seine Stimme ist schwach und mehr fein und hell als stark... Er hat schwache Lungen, eine trockene und hitzige Leber und Hände, die mit unzähligen Linien durchkreuzt sind. Er liebt das Süße z. B. den Zucker, womit er auch den Wein zu vermischen pflegt... Sein nächtlicher Schlaf ist ununterbrochen, weil er spät zu Bette geht und das Nachtsitzen dem Arbeiten am frühen Morgen bei weitem vorzieht. Schon seit seinem Knaben-Alter führte er eine sitzende Lebensart und machte sich wenig Bewegung... Sein Hang zur Gesellschaft ist schwächer als derjenige, welcher ihn zum einsamen Nachdenken und zur Lectüre treibt. Befindet er sich aber in einer Gesellschaft, so weiß er sie ziemlich angenehm zu unterhalten, findet aber seine Rechnung mehr bei scherzhaften und heiteren Gesprächen als bei Spiel oder Zeitvertreiben, welche mit körperlicher Bewegung verbunden sind. Er geräth zwar leicht in Hitze, sein Zorn ist aufbrausend, geht aber schnell vorüber. Man wird ihn nie weder ausschweifend fröhlich, noch traurig sehen. Schmerz und Freude empfindet er nur mäßig. Das Lachen verändert häufiger seine Mine, als es seine innern Theile erschüttert.*[10]

Die Stadt, in der Leibniz nun eine Anstellung fand, hatte kaum 10000 Einwohner und war erst 40 Jahre zuvor nach den welfischen Erbteilungen 1636 von den Herzögen von Braunschweig-Lüneburg calenbergischer Linie zur Residenz gewählt worden. Sie vermittelte noch wenig vom Glanz barocker Pracht, die nach 1680 mit dem Ausbau der Oper und der Errichtung der Sommerresidenz Herrenhausen im Rahmen der Möglichkeiten eines mittelgroßen absolutistisch regierten Staates zur Geltung kommen sollte. Leibniz trat in den Dienst eines Fürsten, der, Kunst und Wissenschaft gegenüber aufgeschlossen, aus persönlicher Frömmigkeit zum Katholizismus übergetreten war, die in großer Mehrheit protestantische Bevölkerung seines Landes in Glaubensfragen aber unbehelligt ließ. Johann Friedrich prägte damit eine Atmosphäre der Toleranz und gegenseitigen Verständnisses, die sich mit dem Leibnizschen Grundsatz deckte, daß jede Lehre einen Kern der Wahrheit enthalte und es darauf ankomme, aus allen Theorien und Meinungen das Richtige zu nehmen und in Harmonie zu verbinden. Das galt sowohl für Fragen der Wissenschaft wie für religiöse Anschauungen, die Leibniz in Hannover vor allem zu-

Herzog Johann Friedrich von Braunschweig-Lüneburg-Hannover

sammen mit dem Loccumer Abt Gerhard Wolter Molanus in den Reunionsgesprächen mit der katholischen Kirche wie in den Unionsbemühungen von Calvinisten und Lutheranern auszugleichen suchte.

Leibniz wohnte zunächst im herzoglichen Schloß an der Leine in den Räumen der Bibliothek, die er in den nächsten Jahren systematisch erweiterte. Als Hofrat war er in die Arbeit der obersten Justizbehörde des Landes eingebunden, doch brachte der Herzog genug Verständnis auf, wenn Leibniz sich anderen Aufgaben widmete. *Tatsächlich*, so schreibt er 1678, *möchte ich nicht verurteilt sein, einzig und allein die Sisyphusarbeit der Gerichtsgeschäfte wie einen Felsblock zu wälzen.*[11] Ihm blieb genügend Zeit für das philosophische Gespräch, für seine weiter wachsende Korrespondenz und für die Lösung mathematischer und naturwissenschaftlicher Probleme.

Herzog (Kurfürst) Ernst August von Hannover. Nach dem Kupferstich
von Pierre Drevet

Seine juristische Kompetenz machte sich der Herzog, um Rangerhöhung und Ansehen seines Landes im Konzert der europäischen Mächte
bemüht, vor allem in politischen und staatsrechtlichen Grundsatzfragen
zunutze. Leibniz' wichtigste Denkschrift auf diesem Gebiet unter Johann Friedrich, mit der er unter dem Pseudonym *Caesarinus Fürstenerius*
das Gesandtschaftsrecht des Hauses Hannover auf dem Friedenskongreß
von Nimwegen 1679 gegen den kaiserlichen und kurfürstlichen Alleinver-

tretungsanspruch begründen wollte, löste mit der These von der doppelten, in Harmonie einander ergänzenden Souveränität von Kaiser und Reichsfürsten auch an den Universitäten erhebliche Diskussionen aus. Das auf Grund seiner verworrenen Herrschafts- und Rechtsverhältnisse von dem Staatsrechtler Samuel Pufendorf als «einem Monstrum ähnlich» apostrophierte Deutsche Reich besaß in den Augen von Leibniz durchaus die Voraussetzungen, föderale Strukturen und Reichsidee zum beiderseitigen Nutzen von Kaiser und Territorien zu erneuern.

Rastlos entwickelte Leibniz Pläne zur Reform der Staatsverwaltung, zur Verbesserung von Ackerbau und Manufakturwesen, zur Prüfung und Anwendung technischer Neuerungen – Vorschläge, mit denen er stets auch eine Aufwertung seiner eigenen Stellung in der Hierarchie der Hofgesellschaft anstrebte. Nacheinander brachte er sich mit Denkschriften als Direktor des Archivwesens, als Verwalter des säkularisierten Klosterguts oder als technischer Direktor des Harzer Bergbaus ins Gespräch, ohne daß allerdings dieses Feuerwerk von Projekten, die damit verbunden waren, große Beachtung fand. Einzig die Vorschläge zur Entwässerung der Harzer Bergwerke mittels Windkraft führten 1679 zwischen dem Herzog, dem Bergamt und Leibniz zu einem Vertrag, durch den Leibniz, mit Gewinn und Verlust an diesem Unternehmen beteiligt, Gelegenheit gegeben wurde, seine technischen Neuerungen in der Praxis zu erproben. Leibniz verband damit die Hoffnung, sich Geldquellen für seine weitgesteckten Ziele der Wissenschaftsförderung und -anwendung zu erschließen.

Während einer Reise erreichte Leibniz Anfang Januar 1680 die Nachricht vom plötzlichen Tod seines Landesherrn. Für einen Moment erschien die Zukunft ungewiß, denn Amt und gegenseitige Treuepflicht waren im Verständnis der Zeit an die Person des jeweiligen Herrschers gebunden. Es ist kein Zufall, daß Leibniz in dieser Zeit der Ungewißheit damit beginnt, sich intensiv mit der Geschichte des Welfenhauses zu beschäftigen, wohl in der Absicht, auch auf dem Gebiet der Historiographie dem Haus Braunschweig-Lüneburg seine Dienste anbieten zu können. Im Februar suchte Leibniz den Nachfolger Johann Friedrichs, dessen Bruder Ernst August auf, der als protestantischer Fürstbischof zu dieser Zeit noch in Osnabrück residierte und Leibniz in seinen Ämtern bestätigte. Von den sporadischen Aufgaben in der Justizverwaltung weitgehend entbunden, wird Leibniz' juristischer, politischer und historischer Sachverstand vom neuen Herrscher vor allem eingesetzt, um Erbansprüche, Standeserhöhungen und Glorie des fürstlichen Hauses in Denkschriften und Gutachten, Gedenkmünzen und geistreichen Glückwunschgedichten zu fürstlichen Hochzeiten zu untermauern. Für die wissenschaftlichen Projekte seines Hofrats hat der machtbewußte und repräsentationsfreudige Alleinherrscher wenig Verständnis. Der großzügige Etat, der Leibniz als Bibliothekar unter Johann Friedrich zur Verfügung stand, wird von ehemals 1500 Reichstalern pro Jahr auf weniger als 100 Taler zusammengestrichen, die Bibliothek selbst ist wegen Umbauarbeiten im Schloß für Jahre nicht benutzbar.

Rückhalt, fördernde Anteilnahme und Protektion fand Leibniz jedoch bei der Gemahlin des Herzogs, Sophie von der Pfalz, die er bereits 1679 in Herford kennengelernt hatte. Die Tochter des Winterkönigs Friedrich V. von der Pfalz und Enkelin Jakobs I. von England, deren Erbansprüche das Haus Hannover 1714 auf den englischen Thron bringen sollten, war eine ebenso geistreiche wie vielseitig interessierte Gesprächs- und Briefpartnerin, die dem Universalgelehrten Wohlwollen und freundschaftliche Verbundenheit jenseits ständischer Schranken und höfischer Etikette bis an ihr Lebensende bewahrte.

Leibniz scheint sich nur schwer mit den neuen, seinen vielfältigen Interessen und Projekten hinderlichen Bedingungen abgefunden zu haben, zumal auch die Windkraftversuche im Harzer Bergbau, die er Jahr für Jahr über viele Monate selbst leitete, nicht die erwünschten Erfolge zeitigten und schließlich wegen technischer Schwierigkeiten und den Widerständen des traditionsverhafteten Bergamts 1685 auf Geheiß des Herzogs eingestellt werden mußten. Jedenfalls streckte er schon im Juli 1680 heimlich seine Fühler nach Wien aus in der Hoffnung, den Einfluß als politischer Berater mit der Reputation des Universalgelehrten nun auf höherer Ebene zum allgemeinen und eigenen Nutzen miteinander zu

Leibniz' Reisepaß für den Harz, 1682

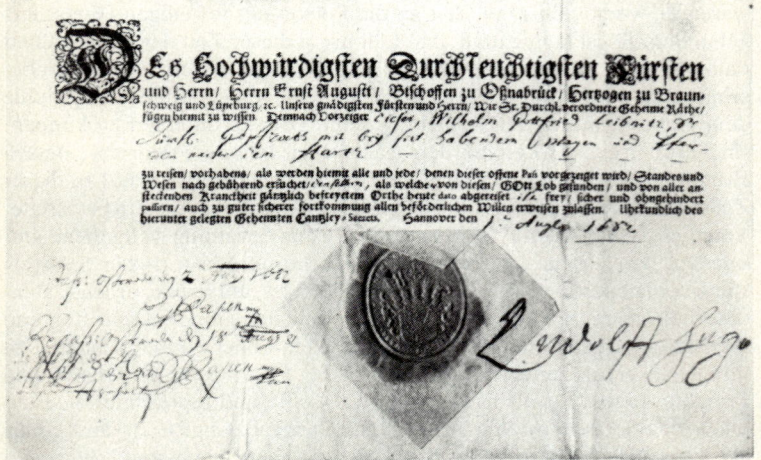

Kurfürstin Sophie. Gemälde von Adriaan Hannemann, um 1660

verbinden. *Wenn mich aber der Kaiser*, so schreibt er an Johann Lincker, einen Bekannten aus Mainzer Tagen, *in den Kreis seiner Hofräte aufnähme und damit das Amt und die Einkünfte eines Bibliothekars verbände, wie es auch unser Herzog Johann Friedrich hier getan hat, hätte ich Gelegenheit zur Entfaltung meiner Tatkraft.*[12]

Der Mißerfolg bei solchen Bewerbungen wie auch Rückschläge bei seinen zahlreichen Projekten zur Wissenschaftsorganisation, die sich in den folgenden Jahren noch des öfteren einstellen werden, entmutigten Leibniz keineswegs, sondern spornten ihn nur um so mehr an, auf allen Gebieten weiterzuarbeiten, nach dem Grundsatz, wie er später einmal an die Kurfürstin Sophie schreibt, *für das öffentliche Wohl zu arbeiten, ohne mich zu sorgen, ob es mir jemand dankt. Ich glaube, daß man damit Gott nachahmt, der sich um das Wohl des Universums sorgt, egal ob die Menschen es anerkennen oder nicht.*[13]

25

Ganz im Sinne dieser Überzeugung widmete sich Leibniz neben seinen dienstlichen Aufgaben ebenso der wissenschaftlichen Forschung wie der politischen Publizistik und der Religionspolitik. Die Fülle der Themen, die allein in der Zeit von 1680 bis 1687 sein Denken bewegten und die er produktiv weiterentwickelte, können hier nur ansatzweise skizziert werden. Als Otto Mencke, Professor der Philosophie in Leipzig, 1682 mit den «Acta eruditorum» die erste deutsche wissenschaftliche Zeitschrift herausgab, bildeten Leibniz' zahlreiche Beiträge die wesentliche Voraussetzung dafür, daß dieses Periodikum schon nach kurzer Zeit den Vergleich zu den englischen «Transactions» der Royal Society und dem französischen «Journal des Sçavans» nicht zu scheuen brauchte. Bereits im ersten Heft erschien von ihm ein Aufsatz zur Kreisquadratur, es folgten Abhandlungen zur Optik, zur Chemie, zur Diskontierungsrechnung und viele weitere zur Mathematik und zur Physik, darunter auch die erste Veröffentlichung des bereits in Paris entwickelten Infinitesimalkalküls (*Nova Methodus pro maximis et minimis*, Oktober 1684) und die Leibnizschen Darlegungen im Streit um das wahre Kraftmaß, mit denen Descartes' Bestimmung der Kraft widerlegt wurde (*Brevis demonstratio erroris memorabilis Cartesii et aliorum circa legem naturae*, März 1686). Aus Empörung über die französische Politik angesichts der Belagerung Wiens durch die Türken schrieb Leibniz 1683 das Pamphlet gegen den *Allerchristlichsten Kriegsgott* Ludwig XIV. (*Mars christianissimus*, gedr. 1684, deutsche Ausgabe 1685). Im Bereich der Philosophie entstand Anfang 1686 im Harz während einiger Tage, an denen die technischen Versuche ruhten, der zu Leibniz' Lebzeiten nicht veröffentlichte *Discours de métaphysique*, dessen Hauptthesen die Grundlage des Briefwechsels mit dem Kopf der Jansenisten, Antoine Arnauld, bildeten. Unveröffentlicht blieb auch eine wahrscheinlich 1686 entstandene theologische Abhandlung, das *Examen religionis christianae*, in dem Leibniz das Schisma der Kirche und die Frage der Reunion aus katholischer Sicht darlegte.

Nach dem Abbruch der Versuche im Harz erhielt Leibniz im August 1685 eine andere offizielle Aufgabe, die ihm den Hofratstitel auf Lebenszeit und eine Sicherung seiner Bezüge garantierte, die ihn aber auch bis an sein Lebensende nicht mehr loslassen sollte: die Erforschung und Darstellung der Geschichte des Welfenhauses, das sich anschickte, die Kurwürde zu erwerben und diesen Anspruch auf Rangerhöhung historiographisch zu untermauern trachtete. Was Leibniz in späteren Jahren wie ein Klotz am Bein von anderen Forschungen abhielt, eröffnete ihm nun erst einmal neue Freiheiten.

Im November 1687 begann er eine große, bis 1690 dauernde Reise zur Erforschung der Welfengeschichte, die ihn über Süddeutschland, Österreich und Norditalien bis nach Rom und Neapel führte. Befreit von den Tagesgeschäften knüpfte und erneuerte er persönliche Bekanntschaften. Mit Johann Daniel Crafft, dem ebenso umtriebigen und projekteschmie-

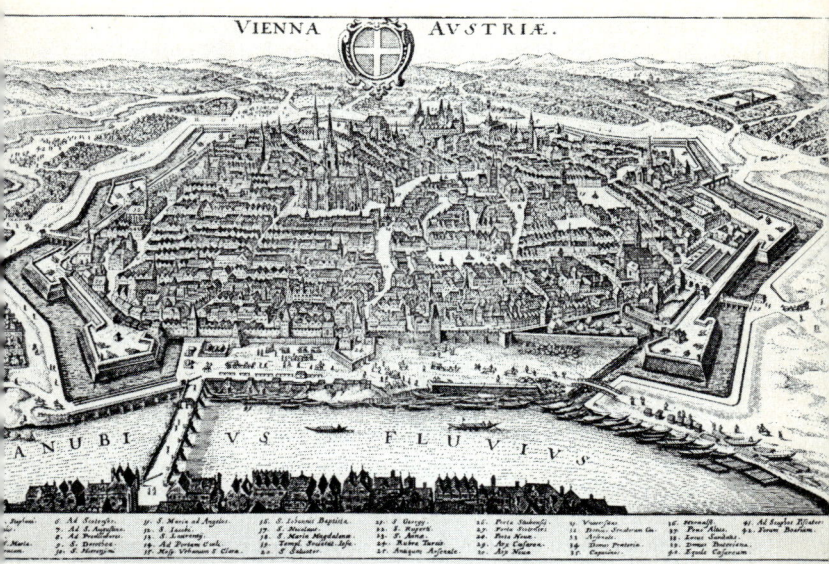

Wien. Merian-Stich, 1649

denden Freund aus Mainzer Tagen, werden Anfang 1688 in Pilsen Vorschläge zur Erzgewinnung, Goldwäscherei, zu technischen Neuerungen und zur Münzreform diskutiert. In einer Augsburger Klosterbibliothek gelingt Leibniz im April 1688 der Nachweis der Verwandtschaft des italienischen Hauses der Este mit den Welfen, was ihn zur Fortsetzung seiner Reise nach Italien veranlaßt. Zuvor erlebt er jedoch den Tag, *den ich vor vielen Jahren schohn gewündschet habe*, eine Audienz bei Kaiser Leopold I. in Wien, dem er auseinandersetzt, wie er *von jugend auff mein gemüth auf labores Reipublicae profuturos gerichtet gehabt, mit hindansezung eitler delectationen, so sonst denen Menschen die zeit wegzunehmen pflegen, und sonderlich dahin bedacht gewesen bin, wie ich etwas außfinden... möchte, durch deßen evidenten und großen Nuzen ein hohes Haupt zu protegirung guther gedancken inflammiret werden möchte* [14]. Leibniz erhält Gelegenheit, seine Pläne zur Münzreform, zum Geld-, Handels- und Manufakturwesen, zur Finanzierung der Reichskriege gegen die Türken, zum Aufbau eines Reichsarchivs und vieles andere vorzutragen, ohne daß ihm allerdings mehr als wohlwollende Aufmerksamkeit zuteil wird.

Im März 1689 traf Leibniz in Venedig ein und reiste über Ferrara und Bologna weiter nach Rom. Die Hoffnung, dort die Gönnerin Descartes',

Königin Christine von Schweden, aufsuchen zu können, erfüllte sich nicht. Sie starb am 19. April desselben Jahres. Doch Leibniz lernte hier und in den norditalienischen Städten die bedeutendsten Naturwissenschaftler, Philosophen und Historiker Italiens kennen, denen er auch in den nächsten Jahren und Jahrzehnten durch seine Korrespondenz verbunden blieb. Mit dem Jesuiten Claudio Filippo Grimaldi, der kurz vor der Abreise nach Peking stand, erörterte Leibniz Fragen des Kulturaustauschs zwischen Europa und China und formulierte Fragenkataloge, um durch sprachgeschichtliche Studien näheren Aufschluß über Herkunft und Wanderung der asiatischen Völker zu gewinnen. Die grundsätzliche Vereinbarkeit des kopernikanischen Systems mit der Glaubenslehre der katholischen Kirche, die er im Sommer 1689 als neues Mitglied der Accademia fisico-matematica darlegte, war ihm ein besonderes Anliegen, hatte er doch schon Jahre zuvor gegenüber seinem fürstlichen Freund Landgraf Ernst von Hessen-Rheinfels eine Konversion vor allem deshalb abgelehnt, weil fundamentale philosophische und naturwissenschaftliche Erkenntnisse von der Kirche nicht anerkannt würden und dies ihn hindere, als Katholik *mit einer wahren Ruhe des Geistes und mit dem Frieden des Gewissens* [15] zu leben. So verzichtete er auch auf die Stelle des Kustos an der Vatikanischen Bibliothek unter dem neuen Papst Alexander VIII., die ihm unter der Bedingung des Übertritts zum Katholizismus angeboten worden war.

Die Fortsetzung der historischen Studien führte Leibniz zunächst nach Florenz, wo er u. a. mit Vincenzo Viviani, dem letzten Schüler Galileis, zusammentraf und mit Unterstützung des Bibliothekars und Polyhistors Antonio Magliabechi über Wochen historische Urkunden auswertete. In Modena entzifferte er zwei Monate lang in täglich zwölfstündiger Arbeit Dokumente zur mittelalterlichen Geschichte des Welfenhauses, um dann endlich berichten zu können, daß er *die wahre Connexion der beyden Durchleuchtigsten Häuser Braunschweig und Este vollkomlich ausgemacht und gefunden* [16] habe. Über Venedig trat Leibniz im Februar 1690 die Rückreise an. Sie führte ihn über Wien, Prag und Dresden im Juni 1690 zurück nach Hannover. Seine Vaterstadt Leipzig hatte er ohne Aufenthalt passiert.

Die Ergebnisse der Italien-Reise erlaubten es Leibniz, einen stringenten Plan der Welfengeschichte zu konzipieren, den er nun seinem Herzog mit der Versicherung vorlegte, das Werk in zwei Jahren abschließen zu können. Mit dem Hinweis, daß er für die Welfengeschichte ohnehin die Wolfenbütteler Bibliothek benutzen müsse, trat er 1691 als Leiter der berühmten Bibliotheca Augusta zusätzlich in die Dienste der Wolfenbütteler Herzöge Rudolf August und Anton Ulrich. Dem kunstsinnigen und selbst schriftstellerisch tätigen Anton Ulrich blieb er zwanzig Jahre lang auch persönlich eng verbunden.

Erste Früchte der umfangreichen historischen Quellensammlung wur-

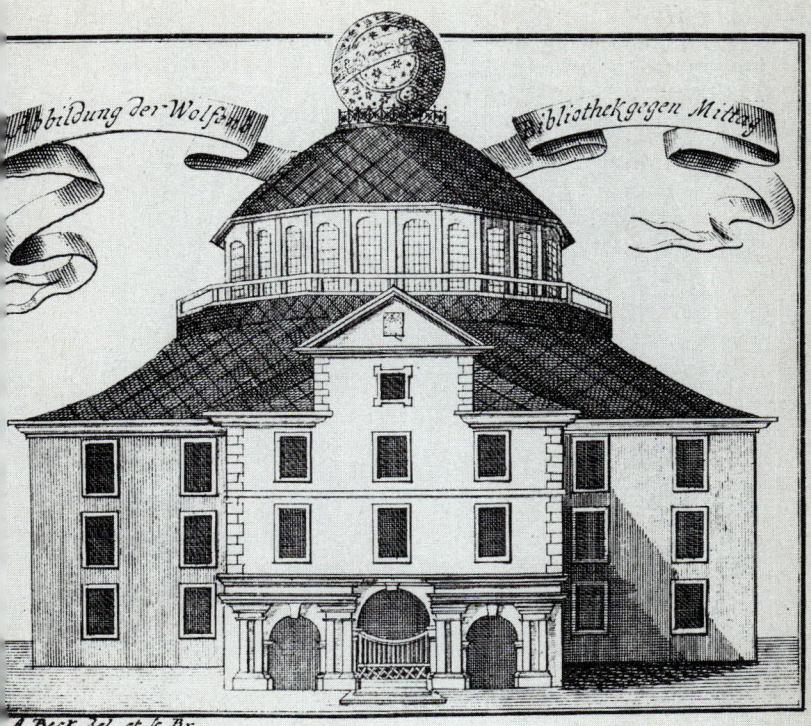

Wolfenbüttel, Bibliotheksgebäude

den nun greifbar: 1693 erschien eine Sammlung wichtiger völkerrechtlicher Verträge der Zeit vor 1500 (*Codex Juris Gentium Diplomaticus*), und mit den *Accessiones historicae* (1698) begann eine umfangreiche Quellenpublikation zur Reichs- und niedersächsischen Landesgeschichte, die noch über Leibniz' Tod hinaus von seinen Nachfolgern im Amt des Bibliothekars fortgesetzt wurde.

Auf Vermittlung der Herzogin Sophie nahm Leibniz im August 1690 einen Briefwechsel mit dem französischen Konvertiten Pellisson-Fontanier auf, durch den er mit dem französischen Kirchenführer Jacques-Bénigne Bossuet in Gedankenaustausch über die Grundsatzprobleme kam, die einer Vereinigung der christlichen Kirchen im Wege standen. Zeitlich synchron und in gar keiner Weise als Schaffensperiode von den übrigen Aktivitäten getrennt, bereicherte Leibniz auch in dieser Zeit die ganze Vielfalt der aufblühenden Wissenschaften am Ende des 17. Jahr-

Jacques-Bénigne Bossuet, Bischof von Meaux.
Nach dem Stich von C. Roy

hunderts. Im Briefwechsel mit den Brüdern Johann und Jakob Bernoulli, mit Christiaan Huygens und dem Marquis de L'Hôpital werden die Anwendungsmöglichkeiten der Infinitesimalrechnung erörtert, 1694 kann eine technisch ausgereiftere Konstruktion der Rechenmaschine vorgestellt werden, 1695 erscheint das *Specimen dynamicum*, und im «Journal des Sçavans» veröffentlicht Leibniz im selben Jahr sein *Système nouveau de la nature*, die Lehre von den einfachen Substanzen, die von Pierre Bayle in seinem berühmten «Dictionnaire» kritisch besprochen, von Leibniz nach der Jahrhundertwende in der *Théodicée*, der *Monadologie* und in vielen anderen Texten noch weiter expliziert wurde.

Einerseits auf der Höhe des Ruhms und der wissenschaftlichen wie beruflichen Anerkennung – 1696 wird ihm in Würdigung seiner Verdienste um das Haus Braunschweig-Lüneburg der Titel eines Geheimen Justizrats verliehen – werden andererseits Anflüge von Mißmut, Ungeduld und Erschöpfung sichtbar, die Leibniz mit der eigenen Person und den Lebensumständen hadern lassen. Wegen diffuser Krankheitssymptome konsultiert er 1695/96 einige Ärzte, deren Antworten ihn aber nicht befriedigen. Im Zweifel, ob es ihm vergönnt sein wird, all seine Ideen weiterzuverfolgen und seine Projekte zu verwirklichen, beginnt er als Fünfzigjähriger ein Tagebuch zu führen, um *Rechnung von meiner noch übrigen Zeit zu halten*[17]. Ursache dieser Krise war eine fortdauernde Arbeitsüberlastung, aber auch die in Leibniz' Augen unerfreuliche Aussicht, den Rest seines Lebens in der geistig wenig anregenden Atmosphäre Hannovers verbringen zu müssen. *Alles was mich körperlich und geistig beengt*, so schreibt er 1696 an den schottischen Adligen Thomas Burnett of Kemney, *kommt daher, daß ich nicht in einer großen Stadt wie Paris und London lebe, welche an gelehrten Männern Überfluß haben, von*

Titelblatt des «Codex Juris Gentium»

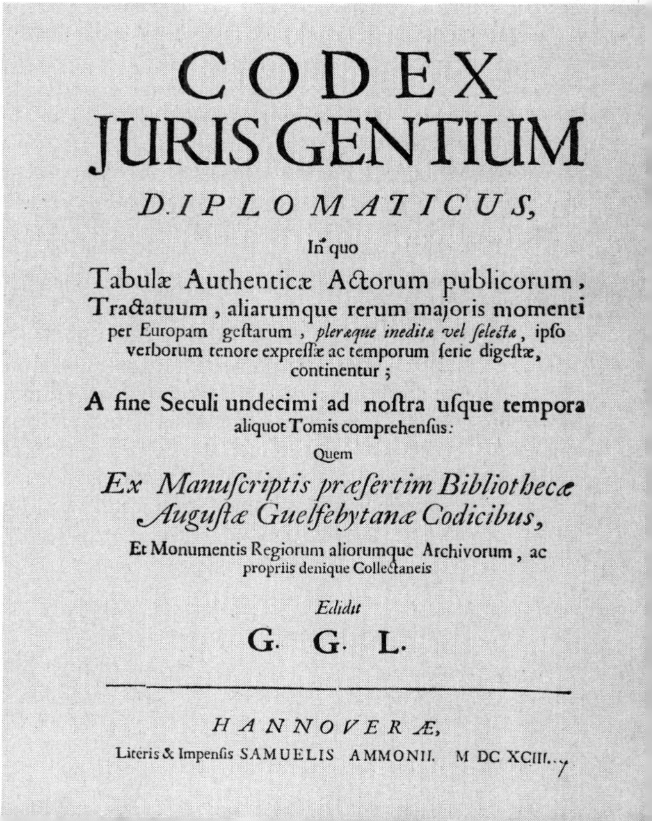

CODEX
JURIS GENTIUM
D.IPLOMATICUS,

In quo

Tabulæ Authenticæ Actorum publicorum, Tractatuum, aliarumque rerum majoris momenti per Europam gestarum, *pleræque ineditæ vel selectæ*, ipso verborum tenore expressæ ac temporum serie digestæ, continentur;

A fine Seculi undecimi ad nostra usque tempora aliquot Tomis comprehensus:

Quem

Ex Manuscriptis præsertim Bibliothecæ Augustæ Guelfebytanæ Codicibus,

Et Monumentis Regiorum aliorumque Archivorum, ac propriis denique Collectaneis

Edidit

G. G. L.

HANNOVERÆ,

Literis & Impensis SAMUELIS AMMONII. M DC XCIII.

7

denen man sich helfen lassen kann. Doch hier trifft man kaum jemanden, mit dem man sich unterhalten kann oder man gilt vielmehr in diesem Lande nicht als guter Hofmann, wenn man über wissenschaftliche Themen spricht. Ohne die Frau Kurfürstin würde man noch weniger darüber reden können.[18] Und an den Philosophen und Juristen Vincentius Placcius berichtet er 1695: *Es läßt sich nicht sagen, wie außerordentlich zerstreut ich bin. Ich suche Verschiedenes in den Archiven zu ermitteln, nehme alte Papiere vor Augen und suche ungedruckte Urkunden zusammen. Aus ihnen hoffe ich Licht für die Braunschweigische Geschichte zu gewinnen. Briefe empfange und erwidere ich in großer Zahl. Ich habe aber zugleich soviel Neues in der Mathematik, so viele Gedanken in der Philosophie und die Kenntnis vieler anderer literarischer Neuigkeiten ... daß ich oft nicht weiß, was ich zuerst tun soll.*[19]

Diese innere Spannung, den selbst gesetzten Lebensplan nicht erfüllen zu können, das Gefühl, gegen den immer wieder formulierten eigenen Grundsatz zu handeln, daß derjenige, der eine Stunde nutzlos zubringt, einen Teil des Lebens vergeude, löste sich in den Jahren 1697 und 1698 jedoch auf. Selbstbewußt verteidigte er den schleppenden Fortgang der Arbeiten am Geschichtswerk und setzte seine eigenen Maßstäbe sinnvoller wissenschaftlicher Arbeit. *Ich habe nach eigenen Forschungen arbeiten wollen,* so schrieb er an die Herzogin von Celle, *um alle die zufriedenzustellen, die solide Belege fordern, was bisher in der Geschichtsschreibung Deutschlands und Italiens ohne Vorbild ist. Indessen will ich wohl zugeben, daß ich mich niemals nur zu einer einzigen Art von Arbeit habe zwingen lassen, Wechsel hat mich an Stelle von Ruhe erhalten. Wenn es den meisten Menschen erlaubt wird, sich Stunden allgemeinen Vergnügens hinzugeben, wird es mir erlaubt sein, für den Fortschritt der Wissenschaften zu arbeiten.*[20] Mangelndes Verständnis des neuen Kurfürsten Georg Ludwig, der 1698 die Nachfolge seines verstorbenen Vaters angetreten hatte, für die weitgespannten Interessen seines Justizrats auf der einen Seite und erfolgversprechende Aussichten, andernorts endlich aus der bloßen Theorie herauszutreten, als Wissenschaftsorganisator in einer Sozietät von Gelehrten das auf viele Schultern verteilen zu können, worunter die Ein-Mann-Akademie Leibniz zusammenzubrechen drohte, und darüber hinaus als fürstlicher Berater auch die großen Linien der Politik mitbestimmen zu können: dies waren die sich wechselseitig verstärkenden Faktoren, die Leibniz Hannover immer stärker entfremdeten und ihn in zusätzliche Wirkungsstätten drängten.

Zwischen Hannover und Berlin (1698–1711)

Diese Wirkungsmöglichkeiten eröffneten sich seit 1697 in Brandenburg. Den Wunsch der Kurfürstin Sophie Charlotte, der Tochter des hannoverschen Herrscherpaares, man möge in Berlin ein Observatorium nach Pariser Vorbild einrichten, griff Leibniz auf und erweiterte dieses Projekt umgehend zum Plan einer großen naturwissenschaftlichen Akademie, die sich zudem von protestantischer Seite aus der China-Mission und dem Kulturaustausch mit diesem *Anti-Europa* widmen sollte. Als Mission verstand Leibniz, dem selbst jede Form äußerer Frömmigkeit fremd blieb und der so gut wie nie einen Gottesdienst besuchte, die Verbreitung des christlichen Glaubens durch die europäische Wissenschaft, der die Aufgabe zufiel, das planvolle Wirken Gottes durch die Erforschung der Naturgesetze zu offenbaren. Eine Auswahl seiner Korrespondenz mit jesuitischen Missionaren gab Leibniz 1697 in einem kleinen Band, der *Novissima Sinica*, heraus. Gleichzeitig entwickelte er, beflügelt durch die Westeuropa-Reise Peters I., hochfliegende Pläne, wie ein der westlichen Kultur und Zivilisation sich öffnendes Rußland als Brücke nach China fungieren könnte.

Als sich zunächst keine Realisierungschancen für die Akademie abzeichneten, versuchte sich Leibniz erfolglos als politischer Vermittler zwischen Brandenburg und Hannover. Er konnte aber durch ein zunehmend vertrauensvolleres Verhältnis zur Kurfürstin Sophie Charlotte, die sich 1699 als seine Schülerin bezeichnete, und durch die Verhandlungen zur Union der protestantischen Kirchen, die er mit dem Berliner Hofprediger Daniel Ernst Jablonski führte, seine Beziehungen nach Berlin festigen. Jablonski war es auch, der Leibniz im März des Jahres 1700 die Zustimmung des Kurfürsten Friedrich III. zur Gründung einer Akademie der Wissenschaften übermittelte, zu deren Einrichtung und Unterhalt der prunk- und repräsentationssüchtige Herrscher, der sich im Jahr darauf selbst die Königskrone aufs Haupt setzte, allerdings kein Geld bereitzustellen gewillt war. Die kriegerischen Verwicklungen, mit denen der europäische Kontinent durch den Spanischen Erbfolgekrieg und den Nordischen Krieg für zwei Jahrzehnte überzogen wurde, ließen die Aussichten auf nachhaltige staatliche Unterstützung weiter sinken.

Voller Optimismus entwarf Leibniz den Plan zur Finanzierung durch ein Kalendermonopol zugunsten der Akademie, dem in den nächsten Jahren noch fast ein Dutzend anderer Vorschläge – von Lotterien über den Verkauf neuartiger Spritzen zur Brandbekämpfung bis hin zur Seidenraupenzucht in staatlich privilegierten Maulbeerplantagen – folgten, die jedoch entweder nicht realisiert wurden, finanziell wenig einträglich oder gar defizitär waren. Trotz dieser mißlichen Begleitumstände wertete Leibniz die Gründung der Akademie der Wissenschaften, zu deren erstem Präsidenten er am 12. Juli 1700 berufen wurde, als Erfolg. Auf

CAM-HY
*Empereur de la Chine
et de la Tartarie Orientale.
Age de 41 an et peint alâge
de 32.*

Grund seiner Kenntnis der Arbeit der Royal Society und der Pariser Akademie, zu derem auswärtigen Mitglied er am 13. März 1700 ernannt worden war, legte Leibniz Arbeitspläne für eine mathematisch-naturwissenschaftliche *Societät* vor (ein Name, den er bevorzugte, weil *in Teutschland Academie mehr* im Sinne *von Lehr- und Lernenden verstanden zu werden pfleget*[21]), die sich neben der Mathematik, Astronomie und dem Bauwesen gleichermaßen der Physik, Chemie und der Botanik, dem Bergwerkswesen und der Medizin widmen sollte. Die Aufgabe, nach dem Vorbild der Académie Française die Nationalsprache zu pflegen und der *Cultur der teutschen Sprache bei dieser Fundation zu gedenken*[22], trug der Kurfürst persönlich an die neue Einrichtung heran. Er befand sich mit diesem Wunsch zur Pflege und zum Gebrauch des Deutschen ganz im Einklang

NOVISSIMA
SINICA

HISTORIAM NOSTRI TEM-
PORIS ILLUSTRATURA
In quibus
DE CHRISTIANISMO
Publica nunc primum autorita-
te propagato misſa in Europam rela-
tio exhibetur, deqve favore ſcientiarum Europæarum ac
moribus gentis & ipſius præfertim Monarchæ, tum & de
bello Sinenſium cum Moſcis ac pace conſtituta,
multa hactenus ignota explicantur.

Edente G. G. L.

Indicem dabit pagina verſa.
Secunda Editio.
Acceſſione partis poſterioris aucta,

ANNO M DC XCIX.

Titelblatt der
«Novissima Sinica»
mit dem Porträt
des Kaisers Kang-hi

mit Leibnizschen Vorschlägen, die dieser 1698 in seinen (nicht veröffentlichten) *Unvorgreifflichen Gedancken, betreffend die Ausübung und Verbesserung der Teutschen Sprache* formuliert hatte.

Ein wesentlicher Teil der in Berlin ansässigen Akademie-Mitglieder
entstammte der hugenottischen Bevölkerung, die nach der Aufhebung
des Edikts von Nantes 1685 eingewandert war und etwa ein Sechstel
der damals 30000 Einwohner stellte. Zu ihnen zählten der Mathematiker Philippe Naudé, der Theologe, Philosoph und Publizist Etienne
Chauvin und der Theologe und Mathematiker Alphonse des Vignoles.
Zusammen mit dem Orientalisten Mathurin Veyssière la Croze, dem viel-
seitigen, vor allem als Lexikograph hervorgetretenen Johann Leonhard
Frisch, dem Hofprediger Daniel Ernst Jablonski und einigen wenigen wei-

Kurfürstin (Königin) Sophie Charlotte. Nach dem Kupferstich von
Johann Hainzelmann

teren Berlinern bildeten sie den Kern der Sozietät, die zunächst nur durch
die Aufnahme auswärtiger Wissenschaftler, unter ihnen die Brüder Jakob
und Johann Bernoulli und Christian Wolff, eine gewisse Geltung erlangen
konnte.

Leibniz pendelte in den nächsten Jahren ein dutzendmal zwischen Hannover und Berlin. Er verbrachte bis 1711 mehr als drei Jahre in der preußischen Hauptstadt, unermüdlich in dem Bestreben, seine Sozietät auf
eine solidere Grundlage zu stellen, ihr überhaupt erst einmal Arbeits-

räume, ein Observatorium und ein Laboratorium zu verschaffen. Schwierigkeiten bereitete ihm nicht nur die Finanzierung des Unternehmens, sondern auch seine persönliche Stellung als Diener mehrerer Herren, der sich in selbstgestellten diplomatischen Aufgaben verzettelte und der sowohl in Hannover wie in Berlin wechselseitig der Illoyalität oder gar der Spionage verdächtigt wurde.

Einen Ausgleich für die Sisyphusarbeit im Dienste der Sozietät und persönliche Anerkennung fand Leibniz jedoch bei Königin Sophie Char-

König Friedrich I. in Preußen. Stich von Christoph Weigel

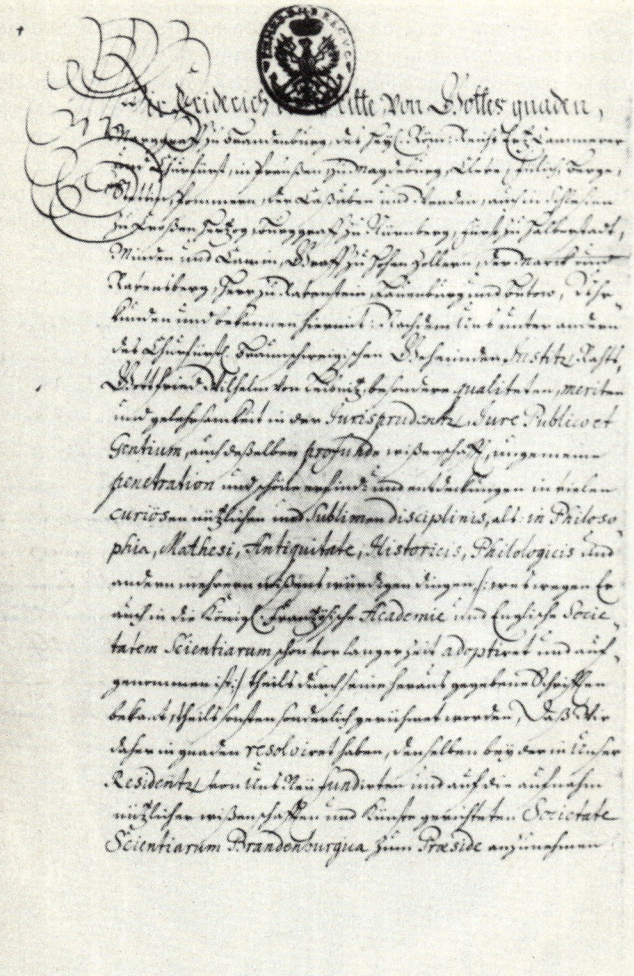

Leibniz' Ernennungsurkunde zum Präsidenten der Berliner Sozietät
der Wissenschaften

lotte, deren wiederholten Einladungen er nach vorhergehenden Reise-
verboten des hannoverschen Kurfürsten im Sommer 1702 Folge leisten
konnte. In der angenehmen Atmosphäre des neuerbauten Schlosses Lüt-

zenburg, des späteren Charlottenburg, verbrachte er im philosophischen Gespräch mit Sophie Charlotte und den Berliner Gelehrten insgesamt zwölf Monate, die er zu den glücklichsten seines Lebens zählte, auch wenn ihn in Momenten der Muße gleich die Vorstellung peinigte, Zeit für wichtigere Dinge zu verlieren. *Es scheinet, die alzugrosse Bequemlichkeit sei nicht guth; indem sie machet, dass die Menschen ihr Leben mit ihrer Zeit gleichsam ohnvermerkt verlieren und es nicht genugsam brauchen noch empfinden*[23], so schrieb er schon drei Wochen nach seiner Ankunft. In Lützenburg führte er philosophische Streitgespräche mit dem Freidenker John Toland, der England wegen seiner religionskritischen Schriften hatte verlassen müssen, mit den Berliner Theologen, unter ihnen der französische Hofprediger Isaac Jaquelot, mit dem Jesuitenpater Vota und zahlreichen anderen Gelehrten, wobei sich auch Sophie Charlotte in die Diskussionen einschaltete.

Im Mittelpunkt des Interesses stand im Sommer des Jahres 1702 die soeben erschienene zweite Auflage des «Dictionnaire historique et critique» von Pierre Bayle, der den Leibnizschen Optimismus und dessen Antwort auf die Frage der Metaphysik nach dem Verhältnis von Geist und Materie, die prästabilierte Harmonie, verworfen hatte. Sophie Charlotte war mit Bayle in Holland zusammengetroffen, hatte mit ihm korrespondiert und ermunterte nun Leibniz, seine Einwände gegen Bayle schriftlich niederzulegen. Die Vereinbarkeit von Glaube und Vernunft, die Bayle bestritten hatte, die vorherbestimmte Übereinstimmung von Geist und Materie, die trotz des göttlichen Plans menschliche Entwicklungsmöglichkeiten offenhalte, die Rechtfertigung des Übels in der Welt als Bedingung für Freiheit und moralisches Handeln, dies waren die Thesen, die Leibniz in seinen Gesprächen explizierte und im Jahre 1710 in seinem religionsphilosophischen Hauptwerk, den *Essais de Théodicée*, veröffentlichte.

In die Jahre 1703 bis 1705 fällt auch Leibniz' intensive Beschäftigung mit John Lockes «Essai on human understanding», die ihn zur Abfassung seiner erkenntnistheoretischen Hauptschrift, den *Nouveaux essais sur l'entendement humain*, veranlaßte. Von einer Veröffentlichung des druckfertigen Manuskripts nahm Leibniz jedoch Abstand, als er 1706 vom Tode Lockes erfuhr. Eine öffentliche Widerlegung, auf die der Kontrahent nicht mehr antworten konnte, widerstrebte ihm.

Unterdessen verschlechterte sich sein Verhältnis zum hannoverschen Kurfürsten, der nicht nachließ, den Abschluß des Geschichtswerkes anzumahnen, den juristischen und staatsrechtlichen Sachverstand seines Geheimen Justizrats aber kaum noch in Anspruch nahm. In der politisch vorrangigen Frage der Sukzession des Hauses Hannover auf dem englischen Thron war Leibniz fast nur noch als persönlicher Berater der Kurfürstin Sophie tätig. Auf Vorhaltungen, endlich seinen Verpflichtungen nachzukommen, reagierte Leibniz zunehmend gereizt und stellte seiner-

Reisepaß für Leibniz nach Berlin

seits die Forderung, ihm eine jährliche Pension von 2000 Reichstalern (quasi eine Verdoppelung seiner Bezüge) zu gewähren, um sorgenfrei seinen selbstgestellten Aufgaben nachgehen zu können. *Ich möchte, wenn Gott mir noch etwas Lebenszeit schenkt, sie in Ruhe und Freiheit genießen, vor allem um Gelegenheit zu haben, bequem Gedanken und Entdeckungen in den Wissenschaften voranzutreiben, von denen man bisher nur Proben gesehen hat und welche die Gelehrten aller Gebiete von mir fordern. Man würde davon keineswegs Unehre einhandeln, wenn die Öffentlichkeit und die Nachkommen sich eines Tages dafür dem Durchlauchtigsten Hause verpflichtet fühlten*[24], schrieb er 1702.

Je mehr Leibniz sich in Hannover mißverstanden und an den Rand gedrängt fühlte, desto stärkere Anlehnung suchte er bei anderen Herrscherhäusern. Im Zuge der wiederaufgenommenen Verhandlungen zur Kirchenvereinigung kam Leibniz im Dezember 1700 mit Kaiser Leopold zusammen, der «seine vernünftigen Gedanken, ohngesparten Fleiß und beywohnende ohngemeine Wissenschaft»[25] rühmte. Dem sächsischen Kurfürsten und König von Polen, August dem Starken, versuchte Leibniz 1704 in Dresden die Gründung einer Sozietät der Wissenschaften nahezulegen, die sein langjähriger Freund und Briefpartner Ehrenfried Walter von Tschirnhaus leiten sollte. Und vertraulich korrespondierte und kon-

Schloß Charlottenburg. Stich von 1706

Georg Ludwig, Kurfürst von Hannover, seit 1714 als
Georg I. König von England. Nach dem Kupferstich von
J. von Montalegre

ferierte er über politische Fragen mit dem Wolfenbütteler Herzog Anton
Ulrich, der ihn 1704 bei Fortzahlung der Bezüge von den laufenden Aufgaben
des Bibliothekars entband und ihn in den Folgejahren mit einigen
diplomatischen Missionen betraute. Zwischen 1703 und 1705 sondierte er
schließlich die Möglichkeit eines gänzlichen Übertritts in preußische
Dienste, zögerte aber jedesmal, wenn es galt, den entscheidenden Schritt
zu tun. Trotz aller bissig-ironischen Vorwürfe, die er aus Hannover hören
mußte, wenn Sophie ihm schrieb, daß der Kurfürst sich zu beklagen
scheine, «daß Ihr Verdienst, das er unendlich hoch einschätzt, ihm zu
nichts nütze ist»[26], blieb Leibniz im Dienst der Welfen, konnte er hier
seine Freiheiten doch am weitesten nutzen, zumal Georg Ludwig trotz
allen Mißmuts nur resigniert feststellte, daß es ohnehin nicht gelinge,
«Herrn von Leibenitz... festzuhalten»[27].

Ein Wechsel in preußische Dienste verlor für Leibniz auch deshalb an Attraktivität, weil er mit dem plötzlichen Tod der Königin Sophie Charlotte am 1. Februar 1705 nicht nur seine persönliche Vertraute und Gönnerin, sondern auch die wichtigste Fürsprecherin der Sozietät der Wissenschaften verloren hatte. Leibniz war von der Todesnachricht tief erschüttert. In zahlreichen Briefen an Freunde gab er seiner Trauer Ausdruck und erhielt selbst von ausländischen Gesandten förmliche Beileidsbekundungen wie beim Tode einer nahen Angehörigen. *Sie wollte mich oft in ihrer Nähe haben*, schrieb er an William Wotton in Cambridge; *so genoß ich häufig das Gespräch einer Fürstin, deren Geist und Menschlichkeit von keiner jemals übertroffen wurde. Da ich mich an dieses Glück gewöhnt hatte, berührte mich die allgemeine Trauer aus persönlichen Gründen noch schmerzlicher. Diese Königin besaß eine unglaubliche Kenntnis auch auf abgelegenen Gebieten und einen außerordentlichen Wissensdrang, und in unseren Gesprächen trachtete sie danach, diesen immer mehr zu befriedigen, woraus eines Tages ein nicht geringer Nutzen für die Allgemeinheit erwachsen wäre, wenn sie der Tod nicht dahingerafft hätte.*[28] Leibniz hat seiner Verehrung für die Verstorbene in einem langen deutschen Gedicht Ausdruck gegeben; es ist zugleich ein Loblied auf die Verstorbene, ein Dokument seiner Trauer, aber auch selbstgespendeter Trost, die Tote werde als Geistmonade in Gottes Reich ewig weiterleben.

Erst im Herbst des Jahres 1706 hatten sich die politischen Rahmenbedingungen durch die Heirat der hannoverschen Prinzessin Sophie Dorothea mit dem preußischen Kronprinzen Friedrich Wilhelm so gebessert, daß Leibniz als Präsident der Sozietät der Wissenschaften erneut Anläufe unternahm, endlich eine geordnete Arbeit der Gesellschaft in Gang zu setzen. 1706 und 1707 leitete er während seiner Berlin-Aufenthalte persönlich die Sitzungen, 1709 konnte der Astronom Gottfried Kirch ein Jahr vor seinem Tode endlich das Observatorium übernehmen, und 1710 erschien nach dreijähriger Vorbereitung die erste Gemeinschaftspublikation der Sozietät, die *Miscellanea Berolinensia*, mit insgesamt 60 Beiträgen, wovon zwölf allein von Leibniz stammten. Obwohl der Band in der Gelehrtenwelt positiv aufgenommen wurde, war Leibniz mit dem Ergebnis nicht ganz zufrieden, da kaum wissenschaftliches Neuland betreten worden war.

Die weitere Entwicklung der Akademie entglitt zunehmend Leibniz' Einflußnahme. Mangelnde Kenntnis vieler weitreichender Entscheidungen, die vom Hof oder den Mitgliedern der Sozietät gefaßt wurden, war der Preis, den er für seine angestrebte Omnipräsenz, sein rastloses Pendeln zwischen Hannover, Berlin, Wien, Dresden, Braunschweig, Wolfenbüttel und vielen anderen Orten, seine immer neue Projekte ins Auge fassende Betriebsamkeit zahlen mußte. Die Statuten der Akademie wurden 1710 ohne sein Wissen verabschiedet, und es wurde ein Ehrenpräsident, der preußische Minister von Printzen, bestellt, was Leibniz als Be-

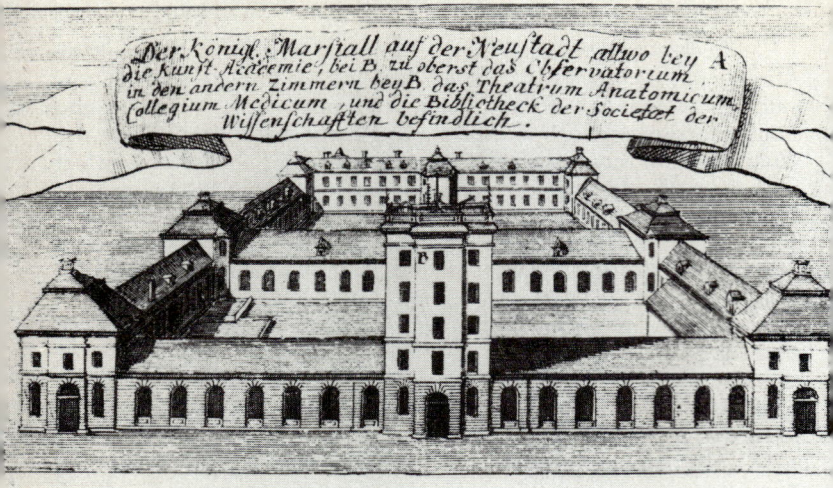

Berlin, Marstall mit Observatorium. Zeitgenössischer Stich

vormundung verstand. An der feierlichen Einweihung der Sozietät der Wissenschaften am 19. Januar 1711, einen Tag nach dem zehnjährigen Krönungsjubiläum Friedrichs I., nahm Leibniz aus Verärgerung nicht teil. 1711 versuchte er ein letztes Mal, persönlich die Belange der Sozietät voranzubringen, doch abermals mußte er den Vorwurf hören, als Spion in politischer Mission tätig zu sein. Leibniz nutzte seine letzte Audienz bei Friedrich I. für eine selbstbewußte Rechtfertigung seines Verhaltens und eine Generalbilanz seines Wirkens in preußischen Diensten. Der fünfundsechzigjährige Gelehrte erinnerte an seine Verdienste um die Sozietät, die zahllosen politischen Denkschriften, seine Bemühungen um die Union der protestantischen Kirchen, sein stetiges Wirken für ein gutes Einvernehmen zwischen Preußen und Hannover. Seines eigenen Wertes und gesicherten Nachruhms jenseits aller tagespolitischen Querelen bewußt, gab er dem König zu verstehen, daß sein Wirken für die Wissenschaft *allzeit pretios seyn wird, wenn alle politischen Interessen dermahleins geändert sein dürften* [29]. Leibniz blieb bis zu seinem Tode Präsident dieser einzigen zu seinen Lebzeiten eingerichteten Akademie, die er als Keimzelle eines ganzen Netzwerkes wissenschaftlicher Gesellschaften betrachtete. Die Einrichtung, um die er sich beinahe sein ganzes Leben lang bemüht hatte, siechte dahin und kam fast ganz zum Erliegen, als der Thronfolger Friedrich Wilhelm I. die Sozietät für «narren Possen» erklärte und ihr jede Unterstützung entzog. Erst die Neuordnung durch Friedrich II. verschaffte ihr europäische Geltung.

Gipfel des Ruhms und letzte Jahre in Hannover
(1712–1716)

Der Leitspruch *Theoria cum Praxi*, den Leibniz anläßlich der Akademiegründung in Berlin formulierte, bedeutete für ihn, selbst auf dem Felde der Politik das anzuregen und zu beeinflussen, was er dem allgemeinen Besten für zuträglich hielt. Er hat zeit seines Lebens den Ruhm als Wissenschaftler zu nutzen versucht, um sich als Berater und Diplomat aktiv an der großen Politik zu beteiligen und seine nach Hunderten zählenden Entwürfe, sei es zur europäischen Staatenordnung, zur Kriegs- und Bündnispolitik oder zu innerstaatlichen Reformen, den absolutistisch regierenden Fürsten der Zeit nahezubringen. Von fortwährenden Rückschlägen unbeirrt und unbeeindruckt von der Diskrepanz zwischen universalistischen Plänen und den Realitäten und Handlungsspielräumen konkreter Politik, die erst recht ein bürgerlicher Gelehrter seiner Zeit nicht überwinden konnte, blieb er diesem Hang zur Politik von der Mainzer Zeit bis zu seinem Lebensende treu: «Ein Mann, der nach den Sternen greifen möchte und dabei nur mit Mühe die Füße auf dem Boden behält.»[30] Die Jahre nach 1711 stellen den Gipfelpunkt seiner Aktivitäten auf diesem Feld dar. In Hannover als politischer Berater nicht mehr gefragt, in Berlin als Wissenschaftsorganisator gescheitert, weil die Monarchie sich gern mit dem Nimbus des Mäzenaten der Künste und Wissenschaften schmückte, solange dies keine Kosten verursachte, unternahm Leibniz nun alle Anstrengungen, um auf höherer Ebene seine Ideen zu verwirklichen.

Die Gelegenheit dazu eröffnete ihm Herzog Anton Ulrich, der – durch Heiraten seiner Enkelinnen sowohl mit dem russischen Zaren wie mit dem Kaiserhaus in Wien verbunden – Leibniz Zugang zu Peter I. und Karl VI. verschaffte. 1711 erhielt Leibniz eine Audienz beim Zaren und breitete bei dieser Gelegenheit ein umfassendes Programm zur Förderung der Wissenschaften in Rußland aus. Er macht militärtechnische Vorschläge, erhält von Peter die Zusage, daß Feldversuche zur Deklination des Magnetfeldes der Erde im russischen Reich unternommen würden, und vergißt auch nicht, für sich selbst ein Bestallungsschreiben zum Eintritt in die Dienste des Zaren zu entwerfen. Am Ziel seiner Wünsche glaubt sich Leibniz 1712 beim zweiten Treffen mit Zar Peter in Karlsbad. Er wird zum russischen Geheimen Justizrat mit einem jährlichen Gehalt von 1000 Talern ernannt und erhält den Auftrag, als eine *Art Solon Rußlands*[31], wie er Sophie stolz berichtet, eine Gesetzes- und Justizreform für das Riesenreich auszuarbeiten. Aber auch diese Projekte, mit denen Leibniz seiner Zeit weit voraus war und für die der überzeugend und visionär argumentierende Universalgelehrte seine Gesprächspartner begeistern konnte, blieben folgenlos. Leibniz' grenzenloser Optimismus

Peter I. von Rußland. Nach dem Kupferstich von P. G. Langlois

verstellte ihm den Blick dafür, daß wohlwollende Aufmerksamkeit der
Unterhaltung, Anregungen und Abwechslung suchenden Potentaten und
der feste Wille zur Realisierung seiner Entwürfe zweierlei Dinge waren.
Noch ein letztes Mal traf Leibniz Peter I. im Juni 1716 in Pyrmont und
erörterte mit ihm Fragen der Wissenschaftsförderung und Verwaltung.
Beim Vorschlag, wie eine Regierung einzurichten sei, kommt auf prä-
gnante Weise abermals der Grundgedanke der Wandlungsfähigkeit einer
durch Rationalität organisierbaren Welt zum Ausdruck, die Vision einer
Staatsmaschine in prästabilierter Harmonie: *Denn wie in einer Uhr ein
Rad von den andern sich muß treiben lassen, also muß in der großen Staats-*

uhr ein Collegium das andere treiben, und wofern alles in einer accuraten proportion und genauen Harmonie stehet, kan nicht anders folgen, als daß der Zeiger der Klugheit dem Lande glückliche Stunde zeigen werde.[32] Der

Leibniz' Ernennung zum Russischen Geheimen Justizrat

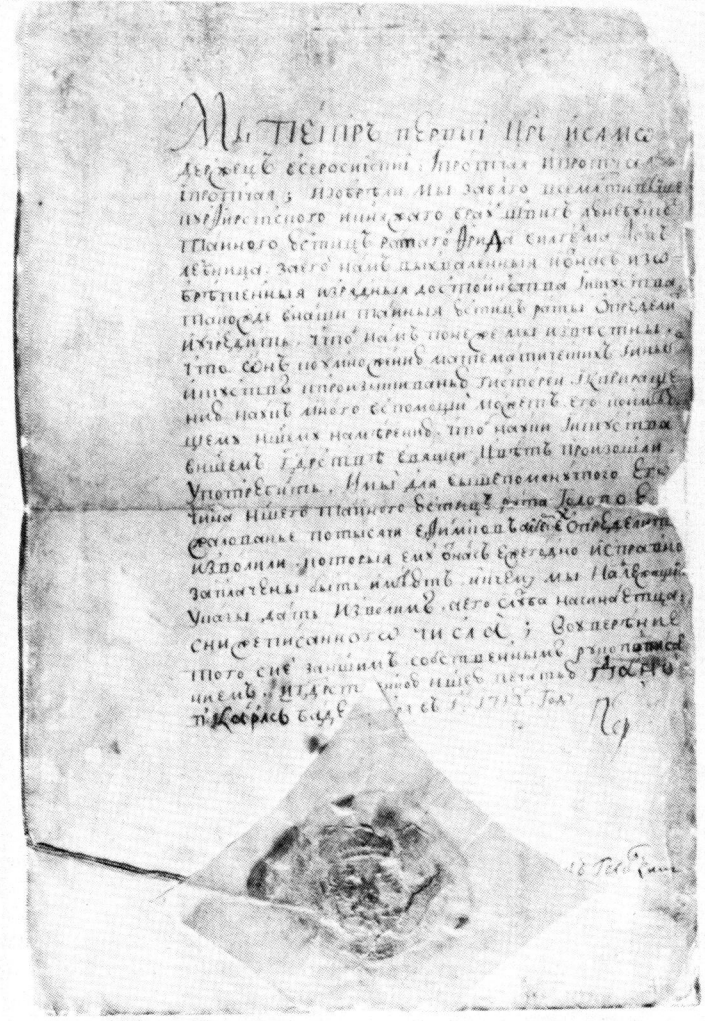

Antonius Ulricus
O. S. Dux Brunsvicensium Natus 4 Oct. 1633 et Luneburgensium &c. &c.
Denatus 27 Mart. 1714

Herzog Anton Ulrich von Wolfenbüttel. Nach dem Kupferstich von
Andreas Matthäus Wolfgang

Solon Rußlands blieb im Reich der Theorie, aber die Petersburger Akademie der Wissenschaften wäre ohne ihn nicht denkbar gewesen.

Der andere Wirkungskreis, der sich Leibniz nach 1712 erschloß, lag
beim Kaiserhof in Wien. Anton Ulrich beauftragte ihn, dort für ein Bünd-
nis zwischen Österreich und Rußland gegen Frankreich zu werben, was
faktisch eine Verschmelzung des Spanischen Erbfolgekriegs mit dem
Nordischen Krieg bedeutet hätte und von keiner der kriegsmüden
Parteien gewollt war. Leibniz verfaßte Dutzende mehr oder minder wir-
kungsloser Denkschriften in dieser Angelegenheit, um den sich abzeich-
nenden Frieden von Utrecht (1713), der Frankreich als Großmacht bestätigte, zu verhindern. Während Leibniz in seiner diplomatischen Mission

glücklos agierte, gelang ihm mit der Ernennung zum Reichshofrat ein persönlicher Erfolg, den er vor allem der Fürsprache des Wolfenbütteler Herzogs zu verdanken hatte. Sein eigentlicher Dienstherr, der hannoversche Kurfürst, stimmte nur widerwillig zu und gab durch seinen Gesandten zu bedenken, «daß, so gelahrt auch der Leibniz sonst in andern Sachen wäre, er sich gleichwohl zu nichts weniger schicke als Reichshofrath zu sein». Man möge den Kaiser warnen, «sonst werde es ihm ebenso gehen wie dem Kurfürsten, weil er [Leibniz] von dem Genie wäre, daß er Alles leisten wolle und deswegen in unendlichen Correspondenzen und Hin- und Wiederreisen seine Lust finde, und seine unersättliche Curiosität zu contentieren trachtet, aber entweder kein Talent oder keine Lust hätte, etwas zusammenzubringen und zu endigen»[33]. Ungeachtet dieser Vorbehalte wurde Mitte April 1713 die auf den Januar 1712 zurückdatierte Ernennungsurkunde ausgefertigt, die Leibniz ein Jahreseinkommen von 2000 Gulden garantierte, ohne daß er die damit verbundenen Aufgaben in der Justizverwaltung tatsächlich wahrnehmen mußte.

Er erhält freien Zutritt zum Kaiser, er steht im lebhaften Gedankenaustausch mit dem erfolgreichsten Feldherrn des Reiches, dem Prinzen Eugen, der sich der Leibnizschen Philosophie gegenüber ebenso aufgeschlossen zeigt wie der Idee einer Sozietät der Wissenschaften in Wien, deren Präsidentschaft Leibniz mit 4000 Gulden Jahreseinkommen in Aussicht gestellt wird. Leibniz bietet dem Kaiser seine Dienste bei der Erforschung und Erhaltung der Reichsrechte an, macht Vorschläge zur Regulierung der Donau, zur Organisation des Kornhandels, zur Bekämpfung der Pest, zum Bankwesen und vielem anderen mehr. Er kann sich am Ziel seiner Wünsche und auf dem Gipfel des Ruhms fühlen. Über die Titulatur des Reichshofrats hinaus agiert er als Berater des Kaisers, er ist Geheimer Justizrat des Zaren, des preußischen Königs und des hannoverschen Kurfürsten, Präsident der Königlich-Preußischen Akademie der Wissenschaften, Mitglied der Pariser Akademie und der Royal Society in London, Bibliothekar in Hannover und Wolfenbüttel und erhält aus seinen Ämtern und Sinekuren insgesamt 8000 Gulden Jahreseinkommen, weit mehr als der bestbezahlte hannoversche Minister.

Doch Leibniz hielt es nicht in Wien, als sich plötzlich in Hannover weitere Wirkungsmöglichkeiten abzeichneten. Nachdem er zwei Jahre lang zur Rückkehr gemahnt worden war, um die Welfengeschichte endlich zum Abschluß zu bringen, brach er im September 1714 in Wien auf in der Hoffnung, dem hannoverschen Kurfürsten, der soeben als Georg I. den englischen Thron bestiegen hatte, als Berater nach England folgen und gleichzeitig als Bindeglied zwischen Großbritannien und dem Reich europäische Politik maßgeblich beeinflussen zu können. Doch der neue König dachte nicht daran, seinen reisefreudigen Justizrat mit politischen Aufgaben zu betrauen. Über seine hannoverschen Räte ließ er Leibniz ein Reiseverbot erteilen, verbunden mit der Aufforderung, das Geschichtswerk zu Ende zu schreiben. Leibniz arbeitete seit dem Herbst 1714 intensiv an den *Annalen*, die sich immer mehr zu einer Geschichte des Deutschen Reichs im Mittelalter ausgeweitet hatten. Bestrebt, die Vorhaltungen seiner Auftraggeber Lügen zu strafen und die Arbeit zum Abschluß zu bringen, gibt er dennoch in keiner Phase den selbstgestellten Anspruch wissenschaftlicher Exaktheit auf. Von der Gicht gezeichnet, mit offenen Wunden an den Füßen und lange Zeit unfähig, das Haus zu verlassen, arbeitet er aus der riesigen Materialfülle dreißigjähriger Sammelarbeit die Annalen der Welfischen Geschichte, die unter seiner Feder bis zum Jahre 1005 fortschreiten. Einerseits ernstlich bemüht, sein Wort gegen-

Leibniz. Gemälde von Andreas Scheits, 1703

Leibniz-Haus Hannover. Zerstört 1943, rekonstruiert 1983

über dem Haus Hannover einzuhalten, muß er andererseits erkennen, daß diese Arbeit ihn, der nicht mehr viel Lebenszeit zur Verfügung hat, hindert, all seine Ideen zu Papier zu bringen und der Nachwelt zu übermitteln. *Ich bemühe mich*, so schreibt er im September 1715, *es* [das Geschichtswerk] *zu vollenden, solange meine Kräfte reichen, damit die Arbeit*

Neustädter Kirche in Hannover, Leibniz' Grabkirche

nicht verloren ist... Auf dieses Werk verwende ich nun all meine Zeit, die
mir die alltäglichen Pflichten und Sorgen um meine Gesundheit übriglassen
und ich bin gezwungen, alle mathematischen, philosophischen und juristi-
schen Überlegungen, zu denen ich mich hingezogen fühle, zurückzustel-
len. [34]

    Trotz dieser Anspannung fand Leibniz noch Zeit für einen seiner be-
deutendsten philosophischen Briefwechsel, die Auseinandersetzung mit
Samuel Clarke über Newtons Weltbild und Gottesvorstellung. Seit 1711
eskalierte mit dem öffentlichen Plagiatsvorwurf von John Keill gegen
Leibniz der Prioritätsstreit mit Newton um die Entdeckung des Infinitesimalkalküls. Die Auseinandersetzung reichte über Leibniz' Tod hinaus.

In Phasen gesundheitlicher Erholung entwarf Leibniz Pläne, nach Paris überzusiedeln oder ein Landgut in Ungarn zu kaufen, um von dort aus wieder für den Kaiser aktiv zu werden – er war bis zuletzt ein unruhiger Geist, dem Ruhe und Muße ein Greuel waren. *Die Ruhe*, so schreibt er Ende 1715, *ist eine Stufe zur Dummheit. Man muß stets etwas finden, was es zu tun, zu denken, zu entwerfen gilt, wofür man sich interessiert, sei es für die Öffentlichkeit oder den einzelnen.*[35]

Im Sommer 1716 unternahm Leibniz noch einmal Reisen nach Pyrmont, Braunschweig und Wolfenbüttel und überprüfte in Zeitz persönlich die laufenden Arbeiten an seiner Rechenmaschine. Im September kehrt er nach Hannover zurück und muß schließlich, von der Gicht fast gelähmt und von Steinleiden gequält, Anfang November das Schreiben einstellen. Erst am 13. November entschließt sich der Todkranke, der zeit seines Lebens nur zu wenigen Ärzten Vertrauen faßte und der nicht müde wurde, Verbesserungen im Medizinalwesen und in der ärztlichen Ausbildung zu fordern, den befreundeten Arzt Johann Philipp Seip zu konsultieren. Dieser kann ihm etwas Linderung verschaffen, doch aufzuhalten ist der Tod nicht mehr. Am 14. November 1716, Samstag abends gegen zehn Uhr, stirbt Leibniz in Hannover im Haus Schmiedestraße 10, das er seit 1698 bewohnt hatte. Der Leichnam wird in die Neustädter Kirche überführt und dort am 14. Dezember bestattet. Aus den Reihen der Hofgesellschaft und der Beamtenschaft nahm niemand an diesem Abendbegräbnis teil.

Das Werk

Einen Tag nach Leibniz' Tod wird – wie bei hohen Staatsbediensteten nicht unüblich – sein Nachlaß versiegelt. Unter seinen Papieren vermutet man auch solche von «staatswichtigem» Charakter. Da der gesamte handschriftliche Nachlaß jedoch weit mehr als fünfzigtausend Stücke umfaßt, war eine rasche Sichtung nicht möglich, zumal ein Stück eine kurze Notiz, ein Brief oder auch ein Aufsatz- oder Buchmanuskript sein kann. Allein rund zwanzigtausend Briefe von und an Leibniz sind erhalten. Deshalb wird Leibniz' Neffen und Alleinerben Friedrich Simon Löffler unter Datum vom 26. Januar 1717 in einer Königlichen Resolution mitgeteilt: «Dem Erben ist das Eigentum des verstorbenen Hofrats zu verabfolgen, ausgenommen die Privatbibliothek, die Manuskripte, die Korrespondenz und die Rechenmaschine.»[36] Dies alles ging in den Besitz der Königlichen Bibliothek zu Hannover über, aus der sich die heutige Niedersächsische Landesbibliothek entwickelte.

Die zitierte Resolution stellt für die Wissenschaft einen einzigartigen Glücksfall dar, wurde doch so einer der umfangreichsten, vielschichtigsten und zweifellos bedeutendsten Gelehrtennachlässe des 17. Jahrhunderts an einem Ort zusammengehalten. Bis heute wird dieser Nachlaß, der die Kriege weitgehend unversehrt überstand und durch gezielte Ankäufe noch komplettiert werden konnte, in der Landesbibliothek in Hannover aufbewahrt. Seit 1901, dem Jahr, als die Assoziation der Akademien auf ihrer Generalversammlung beschloß, die Leibniz-Akademie-Ausgabe, deren erster Band 1923 erschien, zu erstellen, wird an der Veröffentlichung des gesamten Nachlasses, der vor allem französische, lateinische und deutsche, daneben auch englische und italienische Texte umfaßt, gearbeitet. Der Nachlaß ist nicht nur wegen seiner Vollständigkeit so bedeutend, er gibt, da Leibniz der letzte Universalgelehrte war, der diesen Namen verdient, zudem auch einen Überblick über den gesamten Wissensstand des ausgehenden 17. Jahrhunderts, da es in der Tat keine Wissenschaft der Zeit gab, für die Leibniz sich nicht interessiert hätte. Insofern kann die folgende Darstellung nur eine Auswahl sein, in der die wichtigsten Themen des Leibnizschen Denkens kurz vorgestellt werden, ohne daß damit ein Anspruch auf Vollständigkeit erhoben werden soll.

Leibniz' Werk selbst ist durch zwei Grundzüge gekennzeichnet: Es gibt

Leitgedanken, die in allen Wissenschaften und allen Wissensgebieten, mit denen er sich auseinandersetzte, wiederkehren. Dies ist auch einer der Gründe, weshalb analogischem Denken bei Leibniz ein methodischer Stellenwert zukommt. Leibniz' universales Denken wird von eben diesem leitmotivischen Gerüst getragen; dabei wird im Verlauf der folgenden Darstellung manches klarer und deutlicher, wenn es in den unterschiedlichsten Zusammenhängen dargestellt wird. Das zweite Charakteristikum besteht in Leibniz' Überzeugung von der Unmöglichkeit des totalen Irrtums. In jeder Theorie steckt ein Teil Wahrheit; die Aufgabe besteht darin, dieses Körnchen Wahrheit zu finden und zu bewahren. Im Hinblick auf die Philosophie hat dies Leibniz in aller Deutlichkeit gesagt: *Die Wahrheit ist weiter verbreitet, als man glaubt, aber oft ist sie übertüncht, sehr oft auch eingehüllt und abgeschwächt, verstümmelt und verfälscht durch Hinzufügungen, die sie verderben und weniger nützlich machen. Indem man diese Spuren der Wahrheit bei den Alten, oder, um es allgemeiner zu sagen, bei den Vorgängern herausarbeitet, kann man das Gold aus dem Dreck, den Diamanten aus der Mine, das Licht aus der Finsternis gewinnen; und dies wäre in der Tat eine gewisse immerwährende Philosophie (philosophia perennis).*[37] Da jedes Zeitalter die Wahrheit unter einer ihm eigenen Perspektive sieht, ist die Beschäftigung mit der Geschichte für Leibniz kein Selbstzweck, sondern vielmehr eine Notwendigkeit seines Denkens.

Auf der Höhe seines geistigen Schaffens entwickelt Leibniz die Monadentheorie. Die Monaden sind, wie noch zu sehen sein wird, autarke Gebilde, die nur aus sich selbst werden; sie sind in sich geschlossene kleine Welten ohne reale Verbindungen zur Außenwelt und damit zu anderen Monaden. Es ist bemerkenswert, wie wenig Leibniz selbst diesem Bild entsprach. Er ist nie der zurückgezogen lebende Gelehrte gewesen, der über seinen Büchern die Welt vergaß, im Gegenteil. Leibniz brauchte den Kontakt, das Gespräch, den brieflichen Gedankenaustausch mit anderen so nötig wie der Fisch das Wasser. Im Dialog konnte Leibniz vielleicht am besten und schärfsten denken. Seine Korrespondenz legt davon ein ebenso beredtes Zeugnis ab wie die Tatsache, daß viele seiner Werke als Dialoge konzipiert sind. Allen voran sind hier die *Nouveaux essais sur l'entendement humain* zu nennen. Für die vorliegende Darstellung ergab sich daraus ein Problem: auf der Kürze des zur Verfügung stehenden Raumes war es kaum möglich, Leibniz' eigenes Denken angemessen darzustellen, geschweige denn seine vielfältigen Verflechtungen in die europäische Geistesgeschichte der Zeit offenzulegen. Die Entscheidung für eine – soweit irgend möglich – leibnizimmanente Darstellung ist anfechtbar, aber nach der Meinung der Autoren unter den gegebenen Umständen unvermeidbar.

Philosophie

Das Hauptziel der Philosophie sieht Leibniz in einer solchen *Erkenntnis Gottes und der Seele, die die Seele dazu bringt, Gott zu lieben und tugendhaft zu leben*[38]. Ist die Philosophie einmal mehr die Magd der Theologie? Nein. Bei Leibniz besteht ein enger Zusammenhang zwischen Philosophie und Theologie, zwischen Glaube und Vernunft, weil Glaubenswahrheiten zwar über die Vernunft hinausgehen, nicht aber gegen sie ge-

Petersburg

Moskau

...berg

...arschau

Peking

Kanton

Die Wirkungsstätten des größten Teiles der Leibniz-Korrespondenten

Am.	= Amsterdam	Gr.	= Gröningen
Ar.	= Arnstadt	Ha.	= Halle (Saale)
Arn.	= Arnstein	He.	= Helmstedt
Bra.	= Brandenburg	Hi.	= Hildesheim
B.	= Braunschweig	L.	= Leiden
Ce.	= Celle	Lün.	= Lüneburg
D.	= Delft	M.	= Magdeburg
De.	= Deventer	Ma.	= Marburg
Ei.	= Eisenach	O.	= Osterode
E.	= Erfurt	Qu.	= Quedlinburg
Fr.	= Frankenhausen	Ro.	= Rotenburg
Ffm.	= Frankfurt (Main)	Utr.	= Utrecht
G.	= Gießen	Wi.	= Wittenberg
Gö.	= Göttingen	Z.	= Zellerfeld

Maßstab 0 100 200 300 400 500 km

Die Wirkungsstätten
von Leibniz'
Korrespondenzpartnern

richtet sein können. Selbst *die Wunder sind mit der allgemeinen Ordnung im Einklang, auch wenn sie gegen untergeordnete Maximen verstoßen*[39]. Daß der Mensch die Wunder nicht erklären kann, heißt also nicht, daß ihnen keine Rationalität zukommt. Grundsätzlich ist es dieselbe Rationalität, die Theologie und Philosophie gleichermaßen durchdringt. Leibniz' Gott ist wesenhaft Vernunft, Rationalität. Damit wird er nicht nur zu einem verstehbaren Gott, damit ist Leibniz' Philosophie in weiten Teilen zugleich auch Theologie.

Die Grundprinzipien

Der Ausgangspunkt von Leibniz' Philosophie, die er nie in Form eines Systems vorlegte, ist eben diese Überzeugung von der durchgängigen Rationalität alles Seienden. Ihren Ausdruck findet sie in dem Leibnizschen Prinzip überhaupt: *Nihil fit sine causa sufficiente* – nichts geschieht ohne zureichenden Grund. Zusammen mit dem Prinzip von der Identität oder vom Widerspruch macht es die beiden großen Prinzipien aus, auf denen aller Vernunftgebrauch gründet. Beide Prinzipien sind gleichermaßen Seins- und Erkenntnisprinzipien. Dies ist auch der Grund für die zu Leibniz' Zeiten ungewöhnliche Zusammenfassung von Identitäts- und Widerspruchsprinzip zu e i n e m Axiom. *Alles was ist, ist, und es kann unmöglich zugleich sein und nicht sein*[40], lautet die eine, *eine Aussage kann nicht zugleich wahr und falsch sein*[41] die andere Ausformulierung dieses Prinzips. Das Moment der Identität zielt auf das Seins-, das des Widerspruchs auf das Erkenntnisprinzip ab.

Wenn es auf Sätze bezogen, also als Erkenntnisprinzip verstanden wird, besagt das Prinzip vom Grund – Leibniz meint, obwohl er zuweilen von bestimmenden, zuweilen von zureichenden Gründen spricht, der Sache nach immer bestimmende Gründe –, daß es keine grundlose Wahrheit gibt. *Der Grund aber der Wahrheit besteht in der Verknüpfung des Prädikats mit dem Subjekt, bzw. darin, daß das Prädikat in dem Subjekt enthalten ist, sei es offensichtlich, wie bei identischen Sätzen... oder verborgen.*[42] Als Erkenntnisprinzip ist der Satz vom Grund mithin nur ein Folgesatz aus dem übergeordneten Prinzip *Praedicatum inest subjecto*, das Prädikat ist im Subjekt enthalten. Dieses Grundaxiom, daß in jedem bejahenden Satz, sei er notwendig oder zufällig, singulär oder universal, das Prädikat im Subjekt bereits implizit oder explizit enthalten ist, besagt, daß jede Wahrheit zumindest prinzipiell durch die Analyse ihrer Begriffe bewiesen werden kann, mehr noch, daß jede Wahrheit analytisch ist – eine, wie schnell zu sehen sein wird, nicht unproblematische These. Der Satz vom Grund ist aber auch Grundaxiom im Hinblick auf die Existenz der Dinge. Dann besagt dieses Prinzip, daß nichts geschehen könne, ohne daß es eine vorgängig bestimmende Ursache hat. Alles, was ist, muß einen Grund seines Seins und seines So-Seins haben; kein Bereich des Seienden, also auch der des freien Handelns nicht, ist davon ausgenommen. Der Satz vom Grund ist in dieser Hinsicht das Kausalitätsprinzip. Da der Satz vom Grund keineswegs nur Ursachen (causae), sondern auch Gründe (rationes) unter sich befaßt, ist, wie später noch zu zeigen sein wird, auch das Prinzip des Besten ein Fall des Satzes vom Grund.

Ein anderer ist das Prinzip der Identität des Ununterscheidbaren: Leibniz soll die hannöversche Hofgesellschaft aufgefordert haben, im Schloßgarten zu Herrenhausen zwei völlig gleiche Blätter zu suchen. Er wußte von vornherein, daß es nicht gelingen würde, weil es zwei völlig gleiche,

René Descartes. Stich von G. Edelinck

nur ihrer Zahl nach verschiedene Dinge nach seiner Fassung des Satzes vom Grund nicht geben kann. Aus dem übergeordneten Axiom des Enthaltenseins des Prädikats im Subjekt folgt, daß Seiende, sofern sie verschieden voneinander sind, auch verschiedene vollständige Begriffe haben müssen. Ein bloß numerischer Unterschied jedoch hätte keinen anderen vollständigen Begriff zur Folge. Was aber denselben vollständigen Begriff hat, das ist auch dasselbe Seiende.

<u>Absolute und hypothetische Wahrheiten</u>: Den Sätzen von der Identität oder dem Widerspruch und vom Grund kommen je eigene Geltungsbereiche zu: der erstere gilt für den Bereich der Essenzen, der letztere für den der Existenzen. Analog dazu werden zwei Arten von Notwendigkeit

Leibnitz behauptet, daß nicht zwey Blätter einander völlig ähnlich seyn.

«Leibniz behauptet, daß nicht zwey Blätter einander völlig ähnlich seyn». Stich nach Schubert, 1796

und auch Wahrheit unterschieden: der absoluten Notwendigkeit, die zuweilen auch logisch, metaphysisch oder geometrisch genannt wird, entsprechen die notwendigen Vernunftwahrheiten. Sie zeichnen sich dadurch aus, daß ihr Gegenteil nicht ohne Widerspruch denkbar ist (ebenso wie Essenzen nicht anders gedacht werden können, als sie sind). Ihre Gültigkeit ist weder auf einen Ort noch auf eine Zeit begrenzt, sie ist universal. Daß ein Dreieck drei Seiten und drei von ihnen eingeschlossene Winkel hat, ist eine solche Vernunftwahrheit, die zu jeder Zeit in allen möglichen Welten ihre Geltung hat. D e r Wesenszug der notwendigen Wahrheiten ist es, daß man nach endlich vielen Schritten ihren Grund durch Analyse finden kann, *indem man sie in einfachere Ideen und Wahrheiten auflöst, bis man schließlich zu den grundlegenden gelangt*[43]. Ganz anders verhält es sich im Bereich der Existenzen. Nur Gott kommt notwendig das Prädikat der Existenz zu, die Existenz aller anderen Wesen ist zufällig. Zufällig darf nicht mit willkürlich verwechselt werden. In dem Sinne, daß alles Seiende einen Grund seines Seins hat und auch haben muß, ist sein Sein notwendig, es ist jedoch nicht absolut notwendig, weil sein Nicht-Sein ohne logischen Widerspruch gedacht werden kann. Die Notwendigkeit, von der jetzt die Rede ist, nennt Leibniz hypothetische Notwendigkeit. Dieser entsprechen die Tatsachenwahrheiten, die Leibniz auch positive oder hypothetische Wahrheiten nennt. Im Gegensatz zu den absoluten Wahrheiten sind sie «nicht aus logischen, sondern aus faktischen Gründen wahr»[44]. Sie sind singulär, sie gelten nur in dieser konkreten und nicht in jeder möglichen Welt. In dieser konkreten Welt jedoch sind sie trotz der auf einer logischen Ebene gegebenen Denkmöglichkeit ihres Anders-Seins notwendig so, wie sie sind, weil sie durch die Kette der Ursachen und Wirkungen des Weltgeschehens in ihrem So-Sein notwendig bestimmt sind. Tatsachenwahrheiten sind so strukturiert, daß es einem endlichen Geist prinzipiell unmöglich ist, durch Analyse zu nicht weiter hinterfragbaren Grundelementen zu gelangen. Damit entstehen sowohl für das Prinzip vom Enthaltensein des Prädikats im Subjekt als auch für die These, daß jede Wahrheit analytisch sei, zumindest im Hinblick auf endliche Geister schwerwiegende Probleme.

Die beste der möglichen Welten

Kein anderer Gedanke von Leibniz hat so viel Widerspruch erfahren wie der, daß diese die beste aller möglichen Welten sei. Voltaire überzog diese Theorie in seinem «Candide», wo der Held selbst angesichts der grauenvollsten Geschehnisse seinen Glauben daran, daß diese Welt die beste der möglichen ist, nie verliert, mit beißendem Spott. In diesem Punkt jedoch hat Voltaire, wie viele andere auch, Leibniz falsch verstanden. Wenn man die Leibnizschen Voraussetzungen akzeptiert, daß die Welt von Gott geschaffen ist und daß die Grundprinzipien des Denkens nicht nur für die Menschen, sondern generell, also auch für Gott, gelten, der, anders als bei Descartes, folglich einen bestimmenden Grund für sein Handeln braucht, dann liegt es nahe, das Prinzip des Besten als die inhaltliche Ausfüllung der göttlichen Gründe des Handelns zu begreifen. Nicht das Beste zu tun, also weniger vollkommen zu handeln als es möglich ist, widerspräche dem Begriff der Vollkommenheit Gottes.

Voltaire. Nach dem Stich von E. Fiquet, 1762

Aus einer unendlichen Vielfalt möglicher Welten erschafft Gott genau diejenige, die die beste von allen ist. Damit ist eine Aussage über den Schöpfergott und sein Werk getan. Was aber heißt es in bezug auf die Welt selbst, die beste der möglichen zu sein? Als Beschreibung eines Zustandes kann es auch zu Leibniz' Zeiten nicht gemeint gewesen sein, dafür waren die Übel, z. B. die Greuel der zahlreichen Kriege auf dem europäischen Kontinent, viel zu offensichtlich. Zunächst muß zwischen zwei Welten unterschieden werden: zwischen der Welt der Geister oder Monaden, die Leibniz auch das Reich der Gnade nennt, und der phänomenalen Welt der Körper, dem Reich der Natur. Beide Welten sind nach Leibniz auf ihre Art vollkommen.

Die physische Welt, die Natur, ist deshalb vollkommen, weil Gott die Rechenaufgabe «Erschaffung der Welt» so gut gelöst hat: *Indem Gott rechnet und seinen Gedanken ausführt, entsteht die Welt.*[45] Diese Welt ist deshalb die beste, weil sie an Prinzipien die einfachste und an Erscheinungen zugleich die reichhaltigste ist, diese Welt ist die beste auch auf Grund der Naturgesetze, die sie hat. So wäre nach Leibniz eine Welt, in der z. B. der Energieerhaltungssatz nicht gelten würde und die somit auf ständige Energiezufuhr von außen angewiesen wäre, zwar denkbar, gewiß aber wäre sie schlechter als die real existierende, weil sie die Einfachheit dieser Welt nicht erreichte. Dabei ist die Frage, welchen Status Naturgesetze bei Leibniz haben, keineswegs zweifelsfrei zu klären. Sie sind weder absolut notwendig, da eine Welt denkbar ist, in der andere Naturgesetze gelten, noch sind sie nur aus faktischen Gründen wahr, weil durch sie diese Welt im physikalischen Sinn die beste der möglichen ist. Naturgesetze stehen zwischen absoluten und bloß hypothetischen Wahrheiten. Im Reich der Natur gelten Kausalursachen, im Reich der Gnade, im moralischen Reich der Geister, Finalursachen. Die grundlegenden Prinzipien sind die der Gerechtigkeit, der Weisheit und der Güte. Jedes Geschehen kann zugleich kausal und final betrachtet werden, beide Erklärungsweisen *durchdringen einander, stören einander aber nicht*[46]. Wenn im Hinblick auf die Welt der Geister von der besten der möglichen Welten gesprochen wird, so ist dies keine Beschreibung eines Ist-Zustandes, sondern die Aufforderung, diesen Zustand als Ziel anzustreben und herzustellen. Vollkommenheit der Welt heißt in moralischer Hinsicht nicht *perfectio*, Vollkommenheit, sondern *perfectibilitas*, Vervollkommnungsmöglichkeit.

Der Leibnizsche Optimismus beruht in erster Linie darauf, daß Gott die Welt, deren Existenz nicht notwendig ist, in Freiheit geschaffen hat. Damit man aber f r e i handeln kann, bedarf es der Möglichkeit des Auswählens. Ohne Alternativen besteht keine Freiheit des Handelns, mehr noch, freie Wahl setzt voraus, daß es zwischen den Alternativen qualitative Unterschiede gibt. Grundaxiom der Leibnizschen Ethik ist, wie später zu sehen sein wird, daß das, was als gut erkannt wird, nicht n i c h t gewollt werden kann. Positiv formuliert heißt dies, daß eine Möglichkeit zu handeln, die als die beste von bestehenden Alternativen erkannt wird, auch in die Tat umgesetzt werden muß. Da Gott vollkommen ist und sich mithin in der Beurteilung, welche die beste der möglichen Welten ist, nicht irren kann, muß die Welt, die er schafft, notwendig die beste der möglichen sein. Nach Leibniz ist der Unterschied zwischen Gott und Mensch nur gradueller und nicht grundsätzlicher Art. Also muß der Mensch seine Erkenntnisfähigkeit vervollkommnen, um damit zugleich auch eine größere Vollkommenheit im moralischen Handeln zu erlangen. Eben weil der Mensch diese Möglichkeit hat, hat er auch die Möglichkeit, sich und sein Handeln zu vervollkommnen. Da der Begriff Welt bei Leibniz auch die Vergangenheit und Zukunft mit umfaßt, wird verständlich, wieso Leibniz trotz aller augenscheinlichen Mängel auch in moralischer Hinsicht von der besten der möglichen Welten sprechen kann. Eine Welt, die in jeder Hinsicht vernünftig ist, ist damit auch eo ipso eine moralische Welt. Leibniz' Optimismus resultiert also aus seinem Programm der Rationalität und steht nicht, wie etwa Voltaire es sieht, dazu im krassen Widerspruch.

Monadologie und prästabilierte Harmonie

Leibniz selbst pflegte seit 1695, dem Erscheinungsjahr des *Système nouveau*, seine Philosophie *System der prästabilierten Harmonie* zu nennen; erst nach seinem Tod bürgerte es sich ein, von Monadenlehre zu sprechen, wenn man das Ganze der Leibnizschen Philosophie meinte. Der Begriff «Monadologie» ist bei Leibniz selbst nicht belegt. Heinrich Köhler führte ihn 1720 als Titel seiner deutschen Übersetzung der Monadenlehre, der ersten Veröffentlichung des heute als *Monadologie* bekannten Textes, ein.

Monadologie und prästabilierte Harmonie sind auf das engste miteinander verbunden, wobei die prästabilierte Harmonie eine Art Metatheorie zur Monadenlehre ist. Ohne prästabilierte Harmonie funktioniert die Monadologie nicht. Gegenstand der Monadologie sind die letzten Elemente der Wirklichkeit, Monadologie ist Substanztheorie. Als solche ist sie auch und wesentlich Auseinandersetzung mit den Substanztheorien der Zeit, allen voran der cartesianischen. Die Theorie der prästabilierten Harmonie geht einerseits der Frage nach, wie Monaden miteinander interagieren und zusammen kommunizieren können, andererseits bietet sie eine originelle Lösung des Leib-Seele-Problems, denn analog zum Reich der Natur und dem der Gnade unterscheidet Leibniz eine phänomenale Körperwelt von einer *intelligiblen Welt der Substanzen*[47] bzw. der Seelen. *In der Natur gibt es nichts als Monaden*, schreibt Leibniz in seinem Todesjahr an Pierre Dangicourt, *alles übrige sind nur Phänomene, die aus ihnen resultieren.*[48] Um dies zu verstehen, muß zunächst geklärt werden, was Monaden sind.

Monadenlehre: «Monade» in der strengen begrifflichen Bedeutung ist bei Leibniz zum erstenmal in einem Brief an Michel Angelo Fardella vom 13. September 1696 belegt. Monaden *sind nichts weiter als einfache Substanzen. Einfach heißt, was keine Teile hat.*[49] Von Bedeutung für die Entstehung der Monadenlehre waren sicherlich die neuen Erkenntnisse, die durch die Entdeckung des Mikroskops gemacht wurden: Vermeintlich winzige Teile des Universums, z. B. ein Wassertropfen, entpuppten sich als mannigfaltig untergliederte und zusammengesetzte eigene kleine Wel-

Titelblatt der Erstausgabe der «Monadologie»

ten. Die unendliche Teilbarkeit der Materie wurde im wahrsten Sinne des Wortes vor Augen geführt. Nur was keine Teile hat, kann nicht räumlich sein. Monaden haben weder Ausdehnung noch Gestalt. Die Monadologie ist ebenso eine anticartesianische Theorie, wie sie sich gegen den Atomismus, dessen Anhänger der junge Leibniz für kurze Zeit war, wendet. Was, wie z. B. Atome, ausgedehnt ist, kann geteilt werden. Was noch geteilt werden kann, kann kein Letztes sein. Um das Ganze verstehen zu können, ist es aber notwendig, es auf seine letzten, nicht weiter zerlegba-

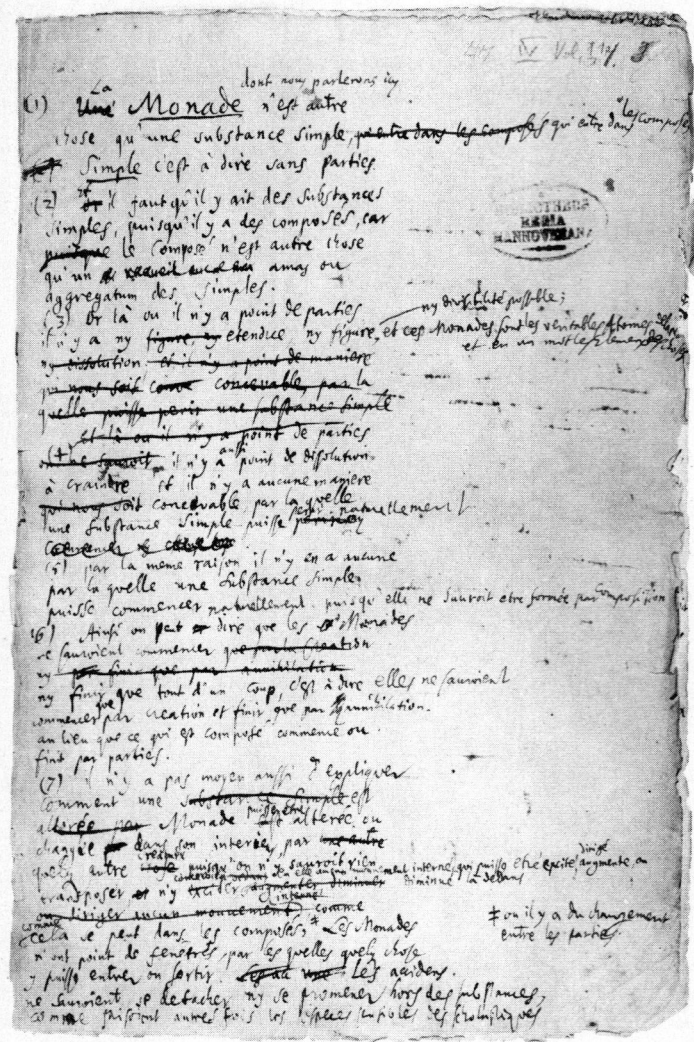

Konzept der «Monadologie»

ren Teile, aus denen es zusammengesetzt ist, zurückzuführen. *Es gibt nichts Einfaches außer den wirklichen Monaden.*[50] Da Monaden keine Teile haben, können sie nicht auf natürliche Weise entstehen oder vergehen. Sie werden von Gott geschaffen, und nur Gott kann sie wieder vernichten. *Monaden*, so heißt es an einer anderen Stelle, *dauern folglich so lange wie die Welt.*[51]

Individuelle Substanzen: Aus dem Prinzip der Identität des Ununterscheidbaren folgt, daß es keine zwei identischen Monaden geben kann. Also sind Monaden nicht nur einfache, sie sind auch individuelle Substanzen. Das Charakteristikum der individuellen Substanz ist es, einen so beschaffenen vollständigen Begriff zu haben, daß all seine Prädikate darin enthalten sind, seien sie notwendig oder zufällig, vergangen, gegenwärtig oder zukünftig. Im Begriff Caesar ist immer schon enthalten, daß Caesar den Rubikon überschreitet, daß er von Brutus ermordet wird, etc.: *praedicatum inest subjecto.* Wenn aber alle Prädikate, die ihr je zukommen können, bereits in dem vollständigen Begriff einer individuellen Substanz enthalten sind, heißt dies ja auch, daß eine individuelle Substanz nur aus sich selber heraus lebt und tätig ist. Das Überschreiten des Rubikon ist in dem vollständigen Begriff von Caesar begründet und nicht in einer historischen bzw. militärischen Situation zu einer ganz bestimmten Zeit.

Aus dem Begriff der individuellen Substanz folgt in metaphysischer Strenge, *daß alle Tätigkeiten, Handlungen und Leiden der Substanzen spontan sind*[52]. Die absolute Spontaneität der Monaden wird durch die Rede von ihrer Fensterlosigkeit ausgedrückt. *Die Monaden haben keine Fenster, durch die etwas hinein- oder heraustreten kann*[53] – sie brauchen keine Fenster, weil schon alles in ihnen ist. Es gibt keinen realen Einfluß, kein reales Aufeinander-Einwirken der Monaden. Monaden sind autark, aber dadurch sind sie auch einsam. Die Veränderung der Monaden liegt in einem inneren Prinzip begründet, keine äußere Ursache kann auf ihr Inneres Einfluß haben. Nicht zu Unrecht wurde in diesem Zusammenhang von Leibniz-Interpreten immer wieder von Solipsismus gesprochen. Weil jede Monade ein autarker, d. h. ein sich selbst genügender und nur aus sich selbst schöpfender Mikrokosmos und in ihrer Individualität mithin vollkommen ist, nennt Leibniz im Rückgriff auf Aristoteles Monaden auch Entelechien.

Das dem Subjekt Caesar zukommende Prädikat «überschreitet den Rubikon» ist nach Leibniz zufällig oder, was dasselbe meint, nur hypothetisch und nicht absolut notwendig, denn der Begriff Caesar wäre auch dann logisch widerspruchsfrei denkbar, wenn ihm dieses Prädikat nicht zukäme. Christian August Crusius, der große Gegenspieler Christian Wolffs, sah als einer der ersten hierin eine unzulässige Vermischung logischer und ontologischer Argumente: Der Caesar, der zu dieser konkreten Welt gehört, überschreitet absolut notwendig den Rubikon, denn nach Leibniz' deterministischem Weltverständnis muß, so Crusius, jegliches

Christian August Crusius. Stich von Bernigeroth, 1747

Geschehen seinen unumstößlichen Platz in der Kette des Weltgeschehens haben, einen Platz, der auf Grund der unumschränkten Gültigkeit des Satzes vom Grund eindeutig bestimmt ist und keine andere Möglichkeit konkreten Handelns oder Geschehens zuläßt. Auch zu dieser Welt gibt es einen vollständigen Begriff, in dem immer schon enthalten ist, daß Caesar im Jahre 49 v. Chr. den Rubikon überschreiten wird. Einen Caesar denken, der nicht über den Rubikon schreitet, heißt, eine andere als diese Welt denken. Die Unterscheidung von hypothetischer und absoluter Notwendigkeit wird strikt abgelehnt, d. h., der argumentative Rückgriff auf die Fülle der im bloß logischen, aber keineswegs ontologischen Sinne möglichen Welten wird im Hinblick auf eine Aussage, die einzig und allein einen Sachverhalt dieser konkreten Welt betrifft, als unzulässig herausgestellt. Notwendig kann gar nichts anderes als absolut notwendig meinen, Grade von Notwendigkeiten erkennt Crusius nicht an. Er hat auch in aller Schärfe gezeigt, daß der Satz vom Grund, wie Leibniz ihn verwendet, stets von bestimmenden und nie von zureichenden Gründen ausgeht und damit notwendig in einen strengen Determinismus führt.

Doch zurück zu Leibniz: Aus der Tatsache, daß der vollständige Begriff Caesar immer schon das Prädikat «überschreitet den Rubikon» beinhaltet, folgt nicht, daß endliche Geister davon schon vor dem tatsächlichen Geschehen wissen können. Im Unterschied zum vollkommenen göttlichen Verstand gelangt der Mensch in seiner Analyse von Tatsachenwahrheiten nie dazu, alle den entsprechenden Subjekten zufällig zukommenden Prädikate apriori erkennen zu können, da eine solche Analyse unendlich viele Schritte erfordert. Wenn sich aber Gott in seinem Vorherwissen des Weltgeschehens nicht irren kann – und seine Vollkommenheit schließt das aus –, stellt sich die Frage, ob sein Vorherwissen nicht auch Vorherbestimmung des Weltgeschehens ist. Dann wäre jede Art von Zufall und damit auch von Freiheit unmöglich. Später wird darauf näher einzugehen sein.

Perzeption und Apperzeption: Wegen ihrer Einfachheit können Monaden nur an Hand ihrer inneren Zustände und Tätigkeiten unterschieden werden. Diese inneren Zustände der Monaden nennt Leibniz, sofern sie auf äußere Dinge abzielen, Perzeptionen, sofern sie Selbstbewußtsein oder die reflexive Erkenntnis dieses inneren Zustands sind, Apperzeption. In und durch die Perzeption wird eine Mannigfaltigkeit in eine Einheit gebracht, Perzeption ist jede Art der Vorstellung, der Repräsentation der Vielheit der äußeren Welt in der Einheit. Die Tätigkeit der Monade besteht in einem Streben, einem appetitus, von dem jeweiligen Perzeptionszustand zu einem neuen fortzuschreiten. Das Fortschreiten von Perzeptionszustand zu Perzeptionszustand erfolgt gemäß einem der Monade innewohnenden Gesetz, jeder neue Perzeptionszustand *ist natürlicherweise eine Folge seines vorhergehenden Zustandes, so daß der gegenwärtige mit dem zukünftigen schwanger geht*[54]. Der Gedanke der völligen Determination jeglichen Geschehens durchzieht das Denken von Leibniz wie ein roter Faden. Obwohl Perzeptionen auf etwas den Monaden Äußerliches bezogen sind, sagt Leibniz, daß sich an den Perzeptionszuständen einer individuellen Substanz nichts ändern würde, gäbe es nur sie selbst und Gott. Diese Aussage ist unter der Voraussetzung eines inneren Prinzips des Fortschreitens, das unumstößlich feststeht, sobald die individuelle Substanz erschaffen ist, und unter der Voraussetzung der prästabilierten Harmonie zu verstehen. Die Solipsismusfrage aber bleibt im Raume stehen.

Repräsentation der Welt: Monaden repräsentieren qua Perzeptionen das gesamte Universum gemäß ihrem Stand- oder Blickpunkt. In diesem Zusammenhang spricht Leibniz seit seinen Frühschriften immer wieder von der Perspektivenvielfalt, unter der eine Stadt von verschiedenen Betrachtern von verschiedenen Standpunkten aus gesehen werden kann.

Eine der schönsten Stellen im Leibnizschen Œuvre, die dies erklärt, ist § 14 des *Discours de métaphysique*, wo Monaden als je einzelne Perspektiven des göttlichen Schauens der Welt bestimmt werden. In diesem Sinne werden Monaden auf Grund ihrer Perzeptionen, die die äußere Vielheit und Mannigfaltigkeit der Welt in eine innere Einheit von unterschiedlicher Klarheit und Bewußtheit bringen, als Zentren oder Konzentrationen, als Spiegel des Universums bezeichnet. Am pointiertesten ist der Sachverhalt der Repräsentation der Welt im Hinblick auf Geistmonaden ausgedrückt: sie drücken die Welt auf eine solche Weise aus, daß von ihnen gesagt werden kann, sie seien totale Teile davon – *esse partes totales*[55].

Monadenhierarchie: Das Reich der Monaden ist hierarchisch gegliedert; es reicht von Gott, der monas monadum, bis zu den schlafenden Monaden. Das Kriterium der Unterscheidung ist die Art der jeweiligen Perzeption, die den Monaden zukommt. Gottes Perzeptionen sind klar und deutlich, die der schlafenden Monaden unklar und undeutlich. Monaden, die der Apperzeption fähig sind, die also *Ich* sagen können, nennt Leibniz vernünftige Seelen oder Geister. Auf der nächsttieferen Stufe sind die distinkten Perzeptionen anzusiedeln. Solche Perzeptionen, die von Erinnerung begleitet sind, kommen etwa den Tieren zu. Was gewinnt Leibniz durch diese Hierarchie? Sie ermöglicht, die gesamte Wirklichkeit als Kontinuum, als Monadenkontinuum zu begreifen. Ein weiteres Grundprinzip von Leibniz' Denken leuchtet hier auf: das Kontinuitätsprinzip, dessen wohl populärste Formulierung besagt, daß die Natur keine Sprünge macht. Kontinuitäts- und Analogieprinzip, auch das wird hier deutlich, hängen bei Leibniz eng zusammen. Die gesamte Wirklichkeit als monadisch und als Kontinuum zu begreifen, heißt, daß es auch zwischen der höchsten und der niedrigsten Monade eine wie auch immer geartete Analogie geben muß. Besonders deutlich wird dies bei der Todesproblematik, die allein schon deshalb ein echtes Problem für Leibniz darstellt, weil Monaden nicht aufhören können zu existieren. Im Tod eines Menschen etwa vollzieht sich nach Leibniz ein Übergang von einer apperzipierenden zu einer schlafenden Monade. Sterben heißt also, auf die unterste Stufe der Monadenhierarchie absinken. Monaden unterscheiden sich nur graduell, nicht prinzipiell. In seiner Konsequenz macht dieses Denken auch vor Gott nicht halt – deshalb besteht auch zwischen Mensch und Gott ein nur gradueller Unterschied.

Philosophiehistorisch gesehen ist die Monadenlehre der große monistische Gegenentwurf zu Descartes' dualistischem Weltbild, das sowohl dem Denken als auch der Ausdehnung Substantialität zuspricht; das wirkliche Sein wird bei Leibniz im Bewußtsein bzw. etwas ihm Analogen gesehen, das gesamte Universum ist von Bewußtsein durchdrungen. Diesen Gedanken wird Hegel später weiterdenken. Das bislang Gesagte macht unmittelbar einsichtig, daß Leibniz anders als Descartes der Ausdehnung

Antoine Arnauld. Stich von G. Edelinck

keine Substantialität zusprechen kann und daß er zugleich die cartesianische res cogitans «über den Bereich des Bewußten nach ‹unten› in das
Unbewußte» verlängert und «in eine unendliche Zahl voneinander verschiedener Individuen, die Monaden»[56], aufsplittert. So gelangt Leibniz zu
seiner Theorie der grundsätzlichen Beseeltheit der gesamten Wirklichkeit.
Weil sie nur noch das Geistige und nicht mehr auch das Ausgedehnte als
substantiell ansieht, vermeidet diese Theorie manches Problem der cartesianischen Philosophie. Ein schlafender Mensch ist nicht mehr nur bloße
Ausdehnung (mit der Frage im Hintergrund, wie er wieder zu einem den-
kenden Wesen werden kann), Tiere sind nicht mehr nur Automaten wie bei
Descartes. Sie haben nach der Monadenlehre eine Seele, ohne daß ihnen
Selbstbewußtsein zugesprochen werden muß. Den Monadenbegriff hat
Leibniz nach seiner eigenen Aussage analog zur menschlichen Seele entwickelt, mehr noch, Leibniz ist der Meinung, daß *die Idee der Substanz in
uns selbst, die wir ja Substanzen sind, zu finden*[57] ist. Analogien sind für das
Leibnizsche Denken immer wieder von größter Bedeutung.

<u>Monaden als Kraftzentren</u>: Im Haben und gesetzmäßigen Durchlaufen verschiedener Perzeptionszustände besteht das Wesen der Monaden. In eben diesem Durchlaufen, in dem ihnen eigenen Streben danach, von Perzeptionszustand zu Perzeptionszustand fortzuschreiten, erweisen sich die Monaden als wesenhaft tätig. Substantialität kommt Monaden also zu, weil sie im Sinn von Tätigkeit Kraftzentren sind. Damit kann aber ‹Kraft haben› nicht die reine Möglichkeit bzw. die bloße Fähigkeit, tätig zu werden, meinen, Kraft haben heißt tätig sein – und zwar unablässig tätig sein –, was wiederum auf Grund der Abstufungen der Perzeptionen bis ins Unbewußte hinab gewährleistet ist. Nur unentwegtes Tätigsein sichert unter den gegebenen Voraussetzungen die durchgängige Realität der Monaden. Auch mit dieser Bestimmung des Substantialen wendet sich Leibniz gegen Descartes. Das in der Veränderung Beharrliche ist eben nicht die Ausdehnung der Substanz in Länge, Breite und Tiefe, sondern die Kraft. Weil die Kraft *etwas reales* und *absolutes* ist, weil sie zum Wesen der Substanz gehört, *muß man sich nicht wundern, daß die Natur* (stets) das gleiche Maß der Kraft bewahrt[58]. Das ist deshalb einsichtig, weil, wie oben bereits gesagt wurde, Substanzen weder entstehen noch vergehen können. Hier liegt der metaphysische Grund des Energieerhaltungssatzes. Die Bedeutung des Kraftbegriffes in Leibniz' Denken zeigt sich u. a. darin, daß er ihm eine eigenständige Disziplin widmet, deren Name auch auf ihn zurückgeht: die Dynamik. Sie und der Entelechiegedanke gehören eng zusammen.

<u>Körperhafte Substanz</u>: Mit Ausnahme von Gott – der *davon völlig frei ist*[59] – kommt jeder Monade ein Körper zu, der, so kann man sagen, die Manifestation der Monade in der phänomenalen Welt ist. Dabei ist die einfache Substanz als Seele oder Zentralmonade zu denken, die über die sie umgebende Masse, eben den Körper, der *sich aus einer unendlichen Anzahl anderer Monaden zusammensetzt*[60], herrscht. Diese Gesamtheit nennt Leibniz körperhafte Substanz. Den Monaden kommt eine ursprüngliche Kraft, eine vis primitiva, zu. Sie ist das Gesetz der Abfolge, nach dem die Substanz die Reihe der ihr zukommenden Perzeptionszustände durchläuft. Der Niederschlag dieser Zustände in der phänomenalen Welt ist nichts anderes als das Entfalten der Akzidentien, die der jeweiligen individuellen Substanz zukommen. Jedem inneren Zustand einer Monade wird ein phänomenaler zugeordnet, da Leib und Seele in der körperlichen Substanz als Einheit gesehen werden. Den Phänomenen, die aus den Monaden resultieren, kommen aus den ursprünglichen Kräften abgeleitete Kräfte, vires derivativae, zu. Im Briefwechsel mit de Volder, der hauptsächlich diese Thematik erörtert, schreibt Leibniz, daß die abgeleitete Kraft nicht das Gesetz der Abfolge, sondern *ein einzelnes Element* (‹in seiner phänomenalen Vereinzelung› ist gemeint) *in der Reihe bezeichnet*[61]. Die ursprünglichen Kräfte werden in der Metaphysik, die abgeleiteten in der Physik, einer solchen Wissenschaft also, die den phä-

nomenalen Teil der Wirklichkeit zum Gegenstand hat, behandelt. Jedes Geschehen in der phänomenalen Welt ist auf Grund der unumschränkten Gültigkeit des Satzes vom (bestimmenden) Grund fest in die Kette des Gesamtgeschehens der Welt eingebunden. Das heißt, oben wurde es bereits angedeutet, daß ein entsprechend vollkommener Geist in der Lage sein müßte, aus jedem einzelnen Geschehen auf Grund seiner durchgängigen Determiniertheit durch das vorangehende Geschehen das Ganze der Welt an Hand der durchgängigen Kette allen Geschehens in der Welt zu rekonstruieren und auch die Zukunft zutreffend vorherzusagen. Dies ist gemeint, wenn Leibniz sagt, daß jede Substanz das Universum spiegelt bzw. von ihrem individuellen Standpunkt aus darstellt. Zumindest prinzipiell kann aus dem Einzelnen das Ganze ebenso verstanden werden wie das Ganze aus dem Einzelnen. Daß Geistmonaden die Welt auf eine besondere Weise repräsentieren, liegt darin begründet, daß sie die Struktur der Welt und damit den göttlichen Schöpfungsplan erkennen können. Außerdem erkennt der Mensch sich selbst als Prototyp von Substantialität[62], wodurch es ihm möglich wird, zum Wesen der Dinge vorzudringen.

Monade und Phänomen: Doch zurück zu der am Beginn dieses Abschnitts gestellten Frage, wie die Phänomene aus den Monaden resultieren. Die Antwort: ‹genau so, wie die abgeleiteten aus den ursprünglichen Kräften› läge nahe, aber eine Antwort darauf, wie dieses Resultieren der abgeleiteten Kräfte aus den ursprünglichen zu denken ist, gibt Leibniz nicht. Mehr noch, auch die Frage, wie aus einer individuellen Substanz, der ja auch ein individuelles Gesetz der Abfolge ihrer Perzeptionen zukommt, überhaupt ein Phänomen resultieren kann, das qua Phänomenalität einer alle Phänomene er- und umfassenden und damit allgemeinen naturwissenschaftlichen Gesetzmäßigkeit unterliegen muß, wird nicht erörtert.

Körper, Phänomene, sind Aggregate, deren Einheit nicht an sich besteht, sondern in einem geistigen Akt gesetzt wird. Dabei denkt Leibniz keineswegs nur an Fragen der Art, wie es denn um die Einheit einer zerbrochenen Marmorplatte bestellt ist – zerfällt das, was ehe es zerbrach eine Einheit darstellte, durch das Zerbrechen in viele Einheiten? –, auch die anscheinend augenfällige Einheit eines Kunstwerkes oder eines Gebäudes etwa ist keine Einheit an sich, sondern eine ihr von einem schaffenden Geist verliehene. Diese Art der Einheit ist, wie es in einem Brief an Kurfürstin Sophie heißt, bloß ideal.[63]

Hier stellt sich nun die Frage, wann ein Phänomen wohlbegründet, wirklich, ist und wie wirkliche Phänomene von bloß eingebildeten, von Traumvorstellungen unterschieden werden können. Lebhaft und vielfältig muß es sich dem erkennenden Subjekt darstellen, d. h. seine Qualitäten und deren Nuancen und Schattierungen müssen genügend intensiv sein; in sich harmonisch muß es sein und mit anderen wohlfundierten Phänomenen im Einklang stehen; schließlich muß es aus gegenwärtigen bzw. vergangenen wirklichen Phänomenen zutreffend vorhersagbar sein. Über die Qualitäten von Pegasus lassen sich keine fundierten Aussagen machen, ein fliegendes Pferd ist in sich nicht harmonisch und auch nicht in Einklang zu bringen mit der Entstehung der Arten, aus anderen Phänomenen ist es nicht vorhersagbar. Pegasus ist nicht in Einklang zu bringen mit dem Satz vom Grund. Vor allem anderen besteht die Realität der Phänomene in ihrer Verknüpfung, in ihrem gesetzmäßigen Zusammenhang. Die relationale Verknüpfung der Phänomene erweist sich als konstitutiv für die Realität der phänomenalen Welt. Raum und Zeit sind bei Leibniz relationale Ordnungsstrukturen. Relationen sind ideal, sie sind vom Verstand, vom Denken, hervorgebracht, sie haben den Status eines ens mentale. Ihre Wirklichkeit resultiert daher, daß sie im Denken Gottes gründen.

Prästabilierte Harmonie: Auch wenn Leibniz die Frage, wie die Phänomene aus den individuellen Substanzen resultieren, unbeantwortet ließ, auf die Frage, wie Monaden und Körper, wie Seele und Leib in Einklang zu bringen sind, muß er antworten. Seine Antwort lautet: durch die prästabilierte Harmonie. Doch diese Theorie ist nicht nur Leibniz' Antwort auf das Leib-Seele-Problem, sie ist zuerst und zunächst die Antwort auf die Frage, wie überhaupt eine Gemeinschaft fensterloser Monaden möglich sein kann.

Den Kerngedanken der prästabilierten Harmonie verdeutlicht Leibniz an Hand eines Uhrenbeispiels. Man stelle sich zwei Uhren vor, die gleich gehen. Drei Möglichkeiten sieht Leibniz, dies zu erklären. Erstens kann man davon ausgehen, daß die beiden Uhren einander beeinflussen; zweitens, daß ein Uhrmacher eingreift, wann immer die Synchronizität verloren zu gehen droht; drittens schließlich kann man die Uhren als so vollkommen begreifen, daß sie immer synchron laufen, wenn sie einmal entsprechend eingestellt wurden. Die ersten beiden Möglichkeiten zielen auf die zu Leibniz' Zeiten geläufigen Erklärungen des Leib-Seele-Problems ab. Vor allem die cartesianische Schule vertrat die Theorie der physischen Beeinflussung. Eine endgültige Lösung des Problems aber, wie das aufeinander Einwirken zweier gänzlich verschiedener Substanzen, nämlich Denken und Ausdehnung, konkret zu denken ist, blieb sie schuldig. Die Theorie der Gelegenheitsursachen, deren Hauptvertreter Geulincx und Malebranche waren, geht davon aus, daß Gott in den Weltenlauf eingreifen kann. Damit stellt sich aber die Frage, wie unter dieser Voraussetzung noch von der Einheit, der durchgängigen Rationalität der Welt ausgegangen werden kann, muß doch jede naturwissenschaftliche Betrachtung immer dort ihre Grenze finden, wo ein Geschehen nicht mehr durch ihm vorgängige Geschehnisse, sondern durch einen Eingriff Gottes erklärt wird. Auch diese Möglichkeit birgt also größte methodische Probleme. Die dritte Möglichkeit schließlich vertritt Leibniz mit seiner Theorie der prästabilierten Harmonie: alle Monaden sind so beschaffen, daß die ihnen eigene je individuelle Perzeptionenfolge in völliger Übereinstimmung mit den Perzeptionenfolgen aller übrigen Monaden steht.

Nun wird auch deutlich, weshalb der Ablauf der Perzeptionenfolge nach einem inneren Prinzip, nach einem Gesetz der Abfolge, das schon bei der Erschaffung der Monade unumstößlich feststeht, erfolgen muß und wie Leibniz zu der auf den ersten Blick doch recht befremdlichen Aussage gelangen kann, daß sich an der Perzeptionenfolge einer Monade nichts ändern würde, gäbe es nur Gott und diese eine Monade. Weil Gott, wenn er die Welt denkt, alles als miteinander in Verbindung stehend und jede einzelne Monade als eine Perspektive der Welt denkt, sieht die Theorie der prästabilierten Harmonie trotz der Fensterlosigkeit der einzelnen Monade eine Monadengemeinschaft als durch Vermittlung Gottes gegeben an. Diese Art des Zusammenhangs ist freilich idealer Art. Diese Theorie dient jedoch nicht nur dazu, eine Harmonie zwischen den Monaden zu erklären, sie gilt für körperliche Substanzen insgesamt und damit auch für das Leib-Seele-Problem. Auch zwischen der phänomenalen Körperwelt und der intelligiblen Welt der Substanzen wird ebenfalls analog zum Uhrengleichnis ein Parallelismus angenommen, der seinerseits so vollkommen ist, daß jegliches phänomenales Geschehen innerhalb der phänomenalen Welt selbst als Abfolge von Ursache und Wirkung beschrieben werden kann. Dem bloß idealen Einfluß der Monaden aufeinander entspricht auf der phänomenalen Ebene ein kausaler Einfluß.

Jegliches Naturgeschehen kann damit grundsätzlich zugleich auf doppelte Weise erklärt bzw. begründet werden. Einerseits muß es unter dem Aspekt seiner Phänomenalität kausalen Gesetzlichkeiten genügen und als Folge anderer Phänomene vollständig erklärbar sein. Andererseits resultiert es – auch wenn das Wie dieses Resultierens unklar bleibt – aus Monaden, die, weil sie zum Reich der Gnade bzw. Zwecke gehören, nicht kausal, sondern teleologisch verfaßt sind. Das heißt, jedes Phänomen kann auch als «Erscheinungsform des durch Zweckursachen bestimmten Bereichs der Monaden»[64] begriffen und mithin final interpretiert werden. (Allerdings werden zuweilen, wie im Abschnitt «Naturphilosophie» zu zeigen ist, auch phänomenale Geschehen final interpretiert.) Genau dies meint Leibniz, wenn er schreibt, daß sich das Reich der Natur und das der Zwecke wechselseitig durchdringen, ohne einander zu stören.

Ethik und Theodizeeproblem

Streben nach Vollkommenheit: Wollte man das Programm der Leibnizschen Ethik in einem Satz zusammenfassen, so ließe es sich am ehesten als Beförderung der allgemeinen Glückseligkeit beschreiben. Ethik zielt auf das allgemeine Wohl. Zugleich gilt aber auch, daß jede Monade nach ihrem eigenen Glück strebt. Glück ist das Telos ihres sittlichen Handelns.

ESSAIS
DE
THEODICÉE
SUR LA
BONTÉ DE DIEU,
LA
LIBERTÉ DE L'HOMME
ET
L'ORIGINE DU MAL.

A AMSTERDAM,
Chez ISAAC TROYEL, Libraire.
MDCCX.

Titelblatt der Erstausgabe
der «Essais de Théodicée»

Glück, so kann man nach Leibniz wohl sagen, besteht vor allem darin, intellektuell so klar und wenig verworren zu sein wie möglich. Glück ist durch Wissen erreichbar, wobei Wissen hier freilich nicht so sehr in einem kognitiven, sondern in einem umfassenderen Sinn gemeint ist. Die Monadenlehre ist der theoretische Hintergrund, auf dem Leibniz die Spannung zwischen allgemeinem Wohl und individuellem Glück auflöst. Monaden kommt – es wurde schon wiederholt gesagt – wesenhaft Streben zu. Dieses Streben ist nicht ziellos, sondern auf Erlangung von Vollkommenheit ausgerichtet. Nur so kann aus der realen Welt, die ja die beste der möglichen ist, eine gute Welt werden. Gott ist das vollkommene Wesen; Streben nach Vollkommenheit ist also auch Streben nach Gott, Streben nach der Teilhabe an seiner intellektuellen Klarheit und seiner moralischen Vollkommenheit.

Daß dieses höchste nur denkbare Glück zumindest im Ansatz erreichbar ist, zeigen all diejenigen Stellen im Werk von Leibniz, wo der Mensch als gottähnlich oder kleine Gottheit bezeichnet, wo Erkenntnis verstehendes Nachvollziehen der göttlichen Schöpfung und ihrer Rationalität genannt wird. Die analoge Struktur aller Monaden, die Kontinuität, d. h. die nur graduelle Abstufung, die auch zwischen Geistmonaden und göttlicher Monade besteht, ist die metaphysische Fundierung dieses Gedankens. Auf Grund ihres Wissens um ihre Substantialität und Monadizität, auf Grund ihrer Kenntnis der Monadenstrukturen, wissen Geistmonaden, daß das Streben nach Vollkommenheit ein Konstituens aller Monaden ist. Daraus kann geschlossen werden, daß das ethische Interesse aller Geistmonaden formal grundsätzlich identisch ist. Auf diesem Hintergrund schreibt Leibniz an Wolff, daß *das für uns Gute, das für die Allgemeinheit Gute und der Ruhm Gottes nicht wie Mittel und Zwecke unterschieden werden dürfen, sondern wie Teil und Ganzes, und daß es eins ist, unser wahres Gut zu suchen und der Allgemeinheit und Gott zu dienen* [65]. Dies erinnert bis in die Terminologie hinein an die oben zitierte Rede von der Geistmonade als totalem Teil des Universums. Indem eine Monade ihr Glück erstrebt, vervollkommnet sie sich und damit zugleich die Welt, der sie als unabtrennbares Teil angehört. Je vollkommener der Zustand einer Monade ist, desto klarer ist ihre Repräsentation der Welt, desto klarer wird durch sie die Harmonie und Rationalität der Welt und somit des göttlichen Schöpfungsplanes ausgedrückt.

Nach Leibniz drückt eine Sache eine andere dann aus, *wenn eine beständige und geregelte Beziehung zwischen dem besteht, was sich von der einen und von der anderen aussagen läßt* [66]. Je vollkommener also eine einzelne Monade wird, desto vollkommener wird auch die Welt insgesamt, denn Leibniz ist der Meinung, daß die Art und Weise, wie eine einzelne Monade die Welt darstellt, keineswegs belanglos ist für die anderen Monaden. Da alle Monaden miteinander gleichgestimmt sind, *sympathisent avec toutes les autres* [67], erfahren alle eine entsprechende Änderung, sobald die geringste Veränderung im kleinsten Teil des Universums vor sich geht. Leibniz' Ethik ist intellektualistisch – freilich nicht in dem Sinn, daß sie sich in bloß klarer und deutlicher Erkenntnis erschöpfen würde. Erkenntnis der Vollkommenheit der Welt heißt eben zu erkennen, daß Vollkommenheit vielmehr *perfectibilitas* denn *perfectio* meint. Jede Monade strebt auf ihre Weise danach, zur Vollkommenheit des Universums beizutragen.

Intellektualistisch ist Leibniz' Ethik zuerst und zunächst deshalb, weil die Frage der Bewertung einer Handlung unmittelbar mit der Frage der intellektuellen Klarheit des Handelnden zusammen gesehen werden muß. Wenn das Axiom gilt, daß etwas, das als gut erkannt wurde, nicht

nicht gewollt werden kann – und nach Leibniz gilt dieses Axiom, auf das in der folgenden Erörterung der Freiheitsproblematik näher eingegangen werden soll –, so heißt dies doch umgekehrt zugleich, daß moralisch verwerfliches Handeln aus intellektuellen Defiziten und nicht etwa aus Bosheit oder Schlechtigkeit resultiert. Gerade diejenigen Stellen in seinem Werk, in denen Leibniz schreibt, daß der Mensch, wenn er vermeintliche Güter erstrebt, seiner Vervollkommnung nicht diene, machen diese Sicht sehr klar, weil sie solches Fehlverhalten im sittlichen Sinne ganz klar als intellektuell defizitär darstellen. Einen hohen Grad an intellektueller Klarheit zu erreichen, heißt zugleich auch, einen hohen Grad an sittlichem Bewußtsein zu erreichen. *Theoria cum praxi* heißt in der Ehtik, daß theoretisches Wissen und praktische, moralische Umsetzung dieses Wissens als Einheit zu sehen sind. Kann man sich einen größeren Optimismus in der Ethik vorstellen? Wohl kaum! Der Impetus der Leibnizschen Ethik ist auf reine und klassische Weise aufklärerisch zu nennen.

Freiheitstheorie: Damit ist der Rahmen abgesteckt für eine Freiheitstheorie. Die Frage nach der Freiheit und die nach dem Kontinuum nennt Leibniz die *beiden berühmten Labyrinthe, in denen unsere Vernunft sich so oft verirrt*[68]. Er beruft sich auf die Scholastiker, wenn er den Begriff der Freiheit durch die drei Bestandteile Zufälligkeit, Spontaneität und Einsicht konstituiert sieht. Jedes dieser drei Momente steht dabei in einem je eigenen Verhältnis zum Ganzen der Freiheit: die Zufälligkeit, die contingentia, ist das Fundament, die Spontaneität ist der Körper und die Einsicht, die intelligentia, die Seele der Freiheit. Handlungen unterliegen dem Satz vom Grund, nicht dem Satz vom Widerspruch. Wäre dem nicht so, wäre ihr Gegenteil in einem streng logischen Sinne undenkbar. Die Art von hypothetischer Notwendigkeit bzw. Zufälligkeit, die durch das Moment der contingentia zum Ausdruck gebracht wird, kommt aber jeglichem Geschehen zu, keineswegs zeichnet es freie Handlungen aus. Ganz ähnlich verhält es sich mit der Spontaneität, denn spontan wird eine Handlung dann genannt, wenn der Ursprung des Handelns im Handelnden selbst liegt und also einem inneren Prinzip gemäß gehandelt wird. Genau dies aber macht Leibniz zu einer Grundbedingung seiner Monadenlehre, indem er die Monaden fensterlos nennt. *Wenn es aber darum geht, sich exakt auszudrücken*, schreibt Leibniz in der *Théodicée, muß ich festhalten, daß unsere Spontaneität keine Ausnahme duldet.*[69] Dies ist die Folgerung aus dem allgemeineren Satz, *daß jede einfache Substanz spontan, daß einzig und alleine sie selbst die Quelle ihrer Veränderung ist*[70]. Auch der Begriff der Spontaneität kann also nicht dazu genutzt werden, aus der Gesamtheit menschlichen Handelns eine ganz bestimmte Art herauszustellen.

Frei wird eine Handlung erst dann genannt, wenn zur Spontaneität noch die Wahl hinzutritt, Freiheit ist vernünftige, d. h. vernunftgeleitete Spontaneität. *Je mehr aus Vernunft gehandelt wird, desto größer ist die*

Leibniz. Porträt von unbekanntem Maler

Freiheit[71]; in dem Maße, wie Handlungen in den Leidenschaften gründen, sind sie unfrei. Der Wahl ist der Mensch dann fähig, wenn er mit ruhigem und reinem Geist erkennt, also immer dann, wenn er die Leidenschaften der Vernunft unterordnet. Zur Einsicht gelangt man bei Gelegenheit des wirklichen Gebrauches der Vernunft. Dieser führt zur klaren Erkenntnis dessen, was gut ist. *Gesetzt, wir halten etwas für gut, so ist es unmöglich, daß wir es nicht auch wollen; gesetzt, wir wollen es und kennen zugleich die uns zu Gebote stehenden äußeren Hilfsmittel, so ist es unmöglich, daß wir es nicht ausführen.*[72] Über die ethische Aussage hinaus findet die unermüdliche Aktivität des Leibnizschen Lebens hier eine philosophische Begründung.

Gewisse Kreise schließen sich hier, neue Fragen entstehen. Freies Handeln ist also ein durch das Prinzip des Besten bestimmtes Handeln, und die Freiheit ist desto größer, je gemäßer diesem Prinzip gehandelt wird. Jetzt liegt ganz offen zutage, weshalb Leibniz nicht nur davon ausgehen kann, sondern muß, daß diese Welt die beste der möglichen ist. Da menschliche und göttliche Freiheit analog zu denken sind, kann Gott gar keine andere als die beste der möglichen Welten erschaffen. Das Prinzip des Besten ist eine inhaltliche Ausfüllung des formalen Satzes vom Grund. Also wird auch durch das Moment der Einsicht die Bestimmtheit freien Handelns nicht aufgehoben, im Gegenteil. Es ist unausweichlich, gemäß dem als besten erkannten Motiv zu handeln, anderenfalls hätten ja Leidenschaften im weitesten Sinne die Oberhand über die Vernunft, und damit wäre die Handlung eo ipso nicht mehr frei zu nennen. Der Primat der Vernunft über den Willen gewährleistet die Eingebundenheit auch des freien Handelns in eine Kette von Ursachen und Wirkungen.

Immer wieder betont Leibniz, daß Gründe der Einsicht einen Handelnden nur geneigt machen, ihnen gemäß zu handeln, ihn aber keineswegs dazu zwingen. Zwang bestünde nur dann, wenn ein anderes Handeln nicht widerspruchsfrei denkbar wäre. Daß es höchst problematisch ist, an Hand reiner Denkmöglichkeiten faktische Zufälligkeit innerhalb der realen Welt zu begründen, wurde in anderem Zusammenhang bereits dargelegt. Der Vorwurf des Determinismus, der Prädeterminiertheit jeglichen Geschehens wurde immer wieder gegen Leibniz' Freiheitstheorie erhoben. Die Alternative, die es zu Leibniz' Zeit gibt, sind indeterministische Freiheitstheorien. Sie gehen davon aus, daß einem Handelnden mehrere Möglichkeiten zu handeln offenstehen, wobei durchaus gleichgute und gleichgewichtige Gründe für jede der Möglichkeiten sprechen können. In dieser Situation der Indifferenz oder des Gleichgewichts der Gründe entscheidet sich der Handelnde durch einen Willensakt für eine der Alternativen, natürlich ohne, wie es bei Leibniz der Fall ist, zu dieser einen und keiner anderen Weise des Handelns bestimmt zu sein. Die Entscheidung ist ein Akt der reinen Willkür. Die Theorie der Freiheit des Gleichgewichtes oder der Indifferenz bewahrt den Menschen zwar davor, daß sein Handeln (prä-)determiniert und mithin notwendig ist, hat aber zur Folge, daß diesem Handeln jegliche Rationalität abgesprochen werden muß, weil nicht gesagt werden kann, daß aus dem Grund A heraus so gehandelt wurde, wie es geschah, da der Grund B laut Voraussetzung ja gleichgut und gleichgewichtig war. Eine solche Theorie ist mit Leibniz' Grundthese von der durchgängigen Rationalität alles Seienden unvereinbar.

Außerdem ist die Annahme, daß zwischen zwei Möglichkeiten ein vollkommenes Gleichgewicht bestehen könne, für Leibniz schon allein deshalb unannehmbar, weil es nach der Monadenlehre keine zwei Dinge und mithin auch keine zwei Geschehen oder Sachverhalte geben kann, die völlig identisch sind und sich nur der Zahl nach unterscheiden. Außerdem geschieht nichts ohne zureichenden Grund. Wenn es also keinen Grund – und das heißt bei Leibniz immer bestimmenden Grund – gibt, eine Handlung so und nicht anders zu vollziehen, dann gibt es überhaupt keinen Grund zu handeln. In dieser bedauerlichen Lage befindet sich Buridans Esel, dessen Leiden Leibniz gern als abschreckendes Beispiel erzählt: da das arme Tier, das genau zwischen zwei identischen Heubündeln steht, keinen Grund findet, das eine dem anderen Bündel vorzuziehen, kann es sich nicht entscheiden, wo es zu fressen beginnen soll, und verhungert inmitten des Futters.

Man wird zugeben müssen, daß der zentrale Einwand, den Leibniz gegen die Theorie der libertas indifferentiae erhebt, nämlich daß durch die Außerkraftsetzung des Satzes vom Grund für bestimmte Bereiche des Seienden die durchgängige Rationalität der Welt durchbrochen und damit die Einheit zerstört würde, nicht minder schwer wiegt als die gegen seine Theorie vorgebrachten Argumente. Kant hat das Freiheitsproblem auf einen neuen Boden gestellt; den Knoten, den Leibniz noch zu entwirren suchte, hat er durchschlagen können, indem er nur mehr für die phänomenale Welt durchgängige Rationalität im Sinne von Kausalität fordert. Die intelligible Welt hingegen ist für ihn prinzipiell unerkennbar, und damit werden positive Aussagen über die menschliche Freiheit unmöglich. Soweit war das 17. Jahrhundert aber noch nicht, noch war es das Anliegen, Glauben neben Wissen, göttliche Güte und Allmacht neben einer von der ganzen Welt Besitz ergreifenden Vernunft bestehen zu lassen.

Théodicée: Für einen ganz zentralen Punkt dieser Bestrebungen erfand Leibniz einen Namen: Theodizee. Wie kann angesichts der offenbaren Übel in der Welt von einem gütigen Weltenschöpfer ausgegangen werden? Der Beantwortung dieser Frage widmete Leibniz das umfangreichste Werk, das er zu seinen Lebzeiten veröffentlichte, eben die *Théodicée*. Hätte Gott eine in dem Sinn vollkommene Welt geschaffen, daß sie nicht noch vervollkommnet werden könnte, wäre also die Vollkommenheit der Welt derjenigen Gottes analog, machte es keinen Sinn mehr, Mo-

Immanuel Kant. Stich von Meno Haas, 1799

naden wesenhaft Streben – und zwar definiert als Streben nach Vollkommenheit – zuzusprechen. Wäre die Vollkommenheit der Welt eine Zustandsbeschreibung, dann hätte dieses Streben kein Ziel mehr. Also muß
es in einer Welt, die Gott schafft, Übel geben. *Man kann das Übel in
metaphysischer, physischer und moralischer Hinsicht unterscheiden. Das
metaphysische besteht in der einfachen Unvollkommenheit, das physische
im Leiden und das moralische in der Sünde.*[73] Entscheidend ist es nun
aber, daß diese Übel nicht in erster Linie als Mängel zu deuten sind, sondern als die Chance zur Vervollkommnung; ohne Übel gäbe es keine *perfectibilitas*. Was wäre eine Handlung in sittlicher Hinsicht wert, wenn es
nicht die Möglichkeit der Sünde gäbe? Gott hat nicht das Übel, das Böse
an sich schaffen wollen, damit die Welt unvollkommen und mangelhaft
ist, ganz im Gegenteil. Es sind ja die Menschen, die den Zustand der

Vollkommenheit des Paradieses zerstören, nicht Gott. Er läßt dies lediglich zu, und Leibniz weiß sich mit Augustinus einig, wenn er schreibt, daß *Gott das Übel nicht zuließe, wenn nicht durch das Übel ein größeres Gut erlangt würde*[74].

Jetzt schließt sich auch hier der Kreis zur Freiheitsproblematik: Freiheit besteht wesenhaft in vernünftigem Handeln, weil nur so der göttliche Schöpfungsplan durchschaut und der Weg der *perfectibilitas*, den nur eine nicht (mehr) vollkommene Welt bietet, beschritten werden kann. Freiheit besteht, um die Sprache der Monadenlehre zu verwenden, darin, zu stets klareren Perzeptionen fortzuschreiten. Das Übel in der Welt zu erkennen führt dann nicht mehr dazu, mit seinem Gott zu hadern, vielmehr verpflichtet es, die Welt zum Guten zu verändern und damit bei sich selbst anzufangen. Das Streben nach dem eigenen Glück, das in der intellektuellen Klarheit besteht, dient zugleich auch der Beförderung des allgemeinen Wohles. Wer so viel Vertrauen in die Stärke der Vernunft setzt, wird zu Recht ein Optimist genannt. Daß dadurch keineswegs alle Widersprüche der Leibnizschen Freiheitstheorie gelöst sind, steht auf einem anderen Blatt.

Erkenntnistheorie, characteristica universalis, mögliche Welten

<u>Klassen von Erkenntnissen:</u> *Eine Erkenntnis ist entweder dunkel oder klar; eine klare wiederum ist verworren oder distinkt, eine distinkte ist entweder inadäquat oder adäquat, symbolisch oder intuitiv, und wenn sie zugleich adäquat und intuitiv ist, dann ist sie vollkommen.*[75] Klar ist eine Erkenntnis, wenn sie hinreicht, die vorgestellte Sache wiederzuerkennen; ist dies nicht der Fall, ist sie dunkel. Können die Merkmale, die eine Sache von anderen unterscheiden, nicht angegeben werden, ist die Erkenntnis der Sache verworren, können sie angegeben werden, ist sie distinkt. Adäquat wird eine Erkenntnis dann genannt, wenn *alles, was in einen deutlichen Begriff eingeht, wiederum deutlich erkannt oder die Analyse bis zum Ende gebracht wird*[76], andernfalls ist die Erkenntnis inadäquat. Adäquate Erkenntnis meint also nicht weniger als vollständige Analyse eines Begriffes, als Zerlegung bis in seine absolut einfachen Teile, die natürlich ihrerseits selbst wiederum Begriffe sind, die als absolut einfache Begriffe jedoch nicht mehr diskursiv, sondern nur mehr intuitiv erkannt werden können. Ob menschliche Erkenntnis adäquat sein kann, bezweifelt Leibniz jedoch. Bei der Erörterung der Tatsachenwahrheiten wurde dazu schon einiges gesagt. Die den Menschen angemessene Erkenntnis ist vielmehr die symbolische. Sie liegt dann vor, wenn nicht die ganze Natur der Sache auf einmal gesehen wird, sondern an Stelle der Sachen Zeichen verwendet werden, die gewisse nicht restlos analysierte

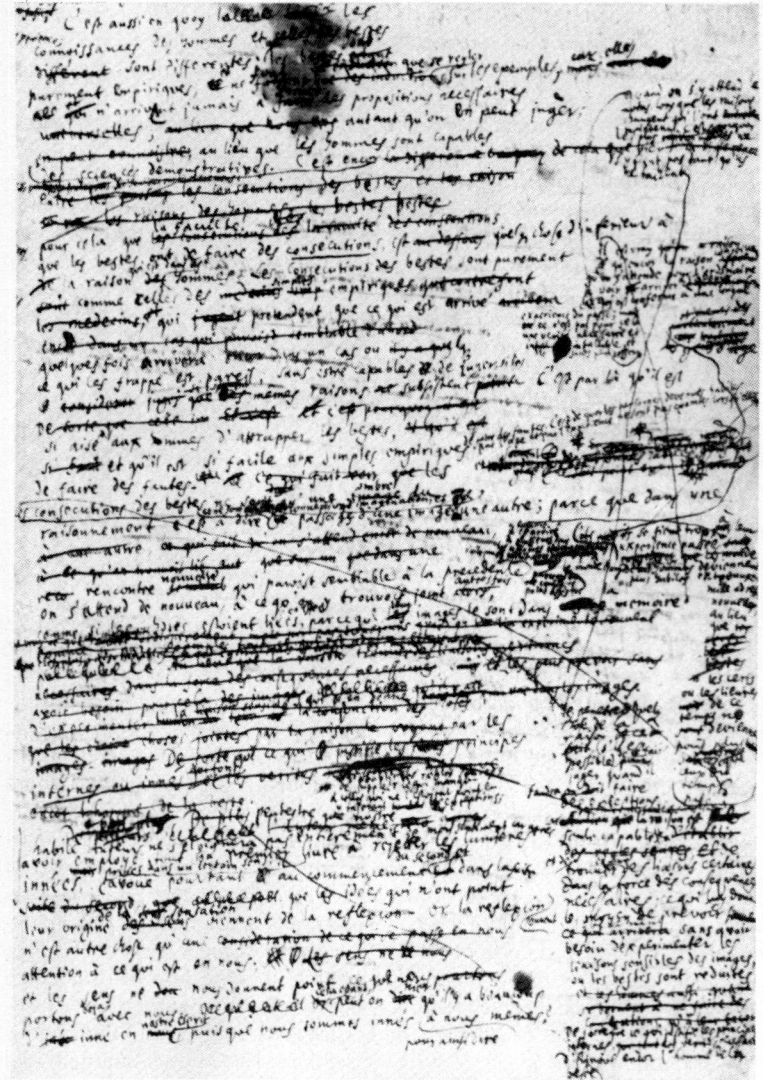

Konzeptseite aus den «Nouveaux essais sur l'entendement humain»

Teilmengen zusammenfassen. Denkt man ein Tausendeck[77], so betrachtet man nicht zugleich die Natur der Seite, der Gleichheit, der Zahl 1000 – man begnügt sich damit, ‹Seite›, ‹Gleichheit› und ‹1000› zu denken, ohne diese Teilkomplexe weiter zu zerlegen, weil die Denkoperation ohne diese letzte Zerlegung funktioniert. Genau dies meint Leibniz, wenn er schreibt, *daß jede menschliche Erkenntnis durch gewisse Zeichen oder Charaktere zustandegebracht wird*[78], denn die intuitive Erkenntnis, in der alle absolut einfachen Begriffe, die in einem Begriff enthalten sind, zugleich geschaut werden, ist im wesentlichen Gott vorbehalten. ‹Im wesentlichen› deshalb, weil absolut einfache Begriffe gar nicht anders denn intuitiv erkannt werden können und Leibniz trotz seiner grundsätzlichen Bedenken davon ausgeht, daß der Mensch zuweilen doch bis zu den einfachen Begriffen, *die an und aus sich selbst erkannt werden, wie etwa der Begriff ens*[79], gelangen kann.

Analysis und Begriffslogik: Es ist deutlich geworden, welch entscheidende Rolle der Analysis in Leibniz' Erkenntnistheorie zukommt. Auch seine Beweis- und Wahrheitstheorie sind analytisch. Alle Aussagen müssen nach Leibniz die Form kategorialer Sätze der Art «S est P» haben bzw. durch solch kategoriale Sätze darstellbar sein – ein Postulat, das heute nicht mehr akzeptiert wird. Wann ist ein Satz der genannten Form wahr? Dann und nur dann, wenn das Prädikat P im Subjekt S enthalten ist, was zu erweisen ein analytisches Vorgehen erfordert. Das Mittel der Wahrheitsfindung ist die Begriffslogik. Wie stark Logik und Metaphysik einander durchdringen, wird noch deutlicher, wenn man sich vergegenwärtigt, daß nach Leibniz Ideen bzw. Begriffe (eine klare und durchgängige Unterscheidung beider Termini findet sich bei Leibniz nicht) nicht in einem willkürlichen Verhältnis zu den von ihnen repräsentierten bzw. dargestellten Gegenständen stehen. Etwas ausdrücken heißt, in einer geregelten und konstanten Beziehung zu dem zu stehen, was ausgedrückt wird. Daraus darf freilich nicht gefolgert werden, daß die Idee des Kreises rund ist, sondern nur, daß durch Analyse der Idee bzw. des Begriffes des Kreises seine realen allgemeinen Eigenschaften – natürlich nicht singuläre Eigenschaften, wie z. B. die Fläche eines speziellen Kreises – gefunden werden können. *Auch wenn die Idee des Kreises nichts dem Kreis ähnliches ist, können trotzdem aus ihr die Wahrheiten hergeleitet werden, die bei einem wirklichen Kreis durch die Erfahrung bestätigt werden.*[80] Mittels Begriffslogik kann also das Wesen der Dinge erfaßt werden. Einerseits erklärt dies, weshalb Leibniz so oft logische und metaphysische oder ontologische Argumente vermischt; besonders im Hinblick auf die Zufälligkeit hypothetischer Notwendigkeiten wurde davon ja bereits gesprochen.

Eingeborene Ideen: Andererseits ist dieser Ansatz überhaupt nur möglich, wenn man, wie Leibniz es tut, von eingeborenen Ideen und Wahrheiten ausgeht, die durch Sinneseindrücke oder Verstandes- bzw. Vernunftgebrauch gleichsam aktiviert werden. Dies veranschaulicht Leibniz durch ein sehr schönes Bild, wenn er sagt, daß die eingeborenen Ideen und Wahrheiten im Verstand sind *wie die durch die Adern des Marmors gezeichnete Figur im Marmor ist, ehe man sie beim bearbeiten* (des Marmors) *entdeckt*[81]. Auf den Einwand, daß es recht schwierig zu verstehen sei, wie eine Wahrheit, die der Geist noch nie gedacht habe, in demselben sein könne, antwortet Leibniz lapidar, *daß es* (auch) *schwer zu verstehen sei, daß es Adern im Marmor gebe, ehe man sie entdecke*[82]. Deshalb kann Leibniz schreiben, er glaube, *daß jeder Geist vollkommen sei, allerdings auf verworrene Weise*[83], deshalb kann Leibniz in seinem großen erkenntnistheoretischen Werk, den *Nouveaux essais*, Lockes berühmten Satz, daß nichts im Verstand ist, was nicht vorher in den Sinnen war, durch den noch viel berühmteren Nachsatz *außer dem Verstand selbst*[84] entscheidend verändern. Nicht nur Ideen und Begriffe, auch Denkgesetze und ewige Wahrheiten sind dem Menschen eingeboren und damit vor jeder Erfahrung gegeben. Ewige Wahrheiten und Denkgesetze, allen voran die Sätze vom Grund und vom Widerspruch und das Prinzip des Besten, sind nicht gesetzt, sie haben ihre Gültigkeit also nicht deshalb, weil Gott sie gewollt hat, wie dies etwa in der cartesianischen Philosophie der Fall ist, sie sind vielmehr jedem Denken vorgängige Gesetze, nach denen Menschen und Gott sich gleichermaßen zu richten haben. Weil aber die Existenz der Welt im Denken Gottes gründet, sind Denkgesetze auch Seinsgesetze. Es ist dies nur eine andere Formulierung der Tatsache, daß den Grundprinzipien der Leibnizschen Philosophie logische oder erkenntnistheoretische und ontologische Bedeutung zukommt.

Möglichkeit und Wahrheit: Anders als die meisten seiner Zeitgenossen spricht Leibniz auch den Ideen und Begriffen Wahrheit zu. Ein Begriff ist dann wahr, wenn er möglich ist, d. h., wenn er widerspruchsfrei denkbar ist, was seinerseits nur heißt, daß ihm keine einander ausschließenden einfachen Begriffe zukommen dürfen. Aus diesem Grund ist z. B. der Begriff der größten Zahl falsch, denn egal wie groß eine Zahl auch ist, durch Addition ist immer eine noch größere denkbar. Wichtig ist, daß nach Leibniz nicht alles, was möglich ist, auch wirklich werden muß. Weil der Bereich des Möglichen umfassender als der des Wirklichen ist, kann Leibniz von möglichen Welten sprechen, die nie zur Existenz gelangen werden. Eine mögliche Welt ist ein Ganzes von untereinander kompatiblen Ideen und Gesetzen. Lediglich die notwendigen Wahrheiten bilden die gemeinsame Schnittmenge zwischen allen möglichen Welten und der wirklichen. Das Kriterium, ob einer Idee Wirklichkeit zukommen kann oder nicht, ist ihre Kompossibilität, ihr Zusammenpassen mit allen anderen Ideen, denen in dieser konkreten Welt Wirklichkeit zukommt. Hier wird nun auch in aller Schärfe deutlich, worin der Fehler liegt, wenn Leibniz die hypothetische Notwendigkeit bzw. Zufälligkeit eines Geschehens durch die bloß logisch widerspruchsfreie Denkmöglichkeit seines Gegenteils zu beweisen sucht: wo er mit Kompossibilitäten und mithin in onto-

John Locke. Gemälde von Godfrey Kneller, 1698

logischen Kategorien argumentieren sollte, greift er auf reine (Denk-) Möglichkeiten, rein logische Kategorien also, zurück.

Characteristica universalis und ars inveniendi: Auf den Gedanken der Zerlegung zusammengesetzter Begriffe in die sie ausmachenden ‹einfachen› Begriffe, die, wie an Hand der symbolischen Erkenntnis gezeigt wurde, nicht immer absolut einfach sein müssen, baut Leibniz den Plan einer umfassenden Zeichenkunst, einer characteristica universalis auf. In einer solchen Disziplin würde jedem einfachen Begriff ein Zeichen, ein Charakter eben, zugeordnet, und außerdem gäbe es einen an der Mathematik orientierten logischen Kalkül, der die Regeln der zulässigen Zeichenkombinationen enthielte. Als geeignete Charaktere sah Leibniz Primzahlen an. Aus Primzahlprodukten – und als solche wären zusammengesetzte Begriffe dann darstellbar – ließe sich rückschließen, welche einfachen Begriffe in ihnen enthalten sind. Leibniz ist einer der ersten, der erkennt, «wie wichtig angemessene Zeichensysteme für das mensch-

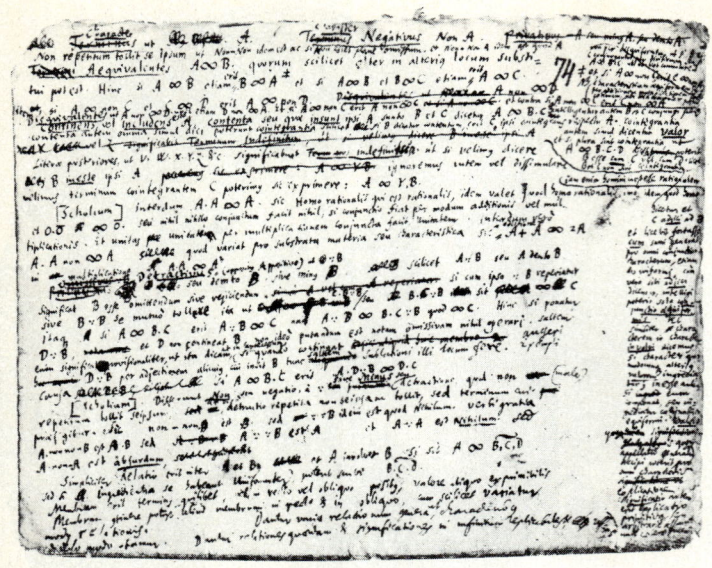

Entwurf für die «Characteristica universalis»

liche Denken sind»[85]. Durch ein umfassendes Zeichensystem und sein
Regelwerk, seine Grammatik, könnte ein doppeltes erreicht werden: auf
analytischem Wege könnten Wahrheitswerte von Aussagen überprüft
werden, zugleich aber könnte die characteristica universalis dann, wenn
sie die Grundlage eines synthetischen Vorgehens abgibt, zu einer Erfindungskunst, zu einer ars inveniendi, werden. Aufbauend auf den durch
Analyse gewonnenen einfachen Begriffen können nach den Regeln der in
dem Zeichensystem herrschenden Grammatik der Zeichenzusammenset-
zung neue Erkenntnisse gewonnen werden. In der ars inveniendi sieht
Leibniz den hauptsächlichen Zweck der ars characteristica: *Ich habe erkannt, daß die wahre Metaphysik sich kaum von der wahren Logik, d. h.
der Erfindungskunst insgesamt, unterscheidet.*[86] In diesem Zusammenhang stehen auch Leibniz' Ausführungen zu einer Probabilitätslogik, zu
einer Wahrscheinlichkeitslogik also. Sie versucht – ohne daß sie Gewiß-
heit beanspruchen könnte –, den Grad der Wahrscheinlichkeit, der für die
Annahme eines Sachverhaltes oder Geschehens spricht, dadurch festzu-
stellen, daß die Argumente pro und contra abgewogen und Analogien zu
gewissen Erkenntnissen hergestellt werden. Dabei bezieht sich die Probabilitätslogik keineswegs bloß auf Prognosen für zukünftiges Gesche-

hen, sie ist auch retrospektiv anwendbar, wie in den Ausführungen zur Geschichtswissenschaft noch zu sehen sein wird.

Das durch die characteristica universalis gefundene Gedanken- oder Zeichenalphabet wäre *eine Art von allgemeiner Algebra und gäbe die Mittel an die Hand zu denken, indem man rechnet. So könnte man statt zu diskutieren sagen: Rechnen wir.*[87] In bezug auf Gott heißt dies: *Wenn Gott rechnet und den Gedanken ausführt, entsteht die Welt.*[88] Wenn Gott die Welt denkt, erschafft er sie; wenn Gott die Welt denkt, erkennt er sie intuitiv, d. h., er schaut alle in ihr vorkommenden einfachen Begriffe und all ihre Kombinationen. Relationen, so wurde oben gesagt, kommt Realität zu, weil sie im Denken Gottes gründen. Hier wird auch deutlich, daß nach den Leibnizschen Prämissen das Problem der göttlichen Vorhersicht jeglichen Geschehens unvermeidbar ist, denn Gott beherrscht die ars inveniendi auf vollkommene Weise, also muß er auch die Zukunft zuverlässig kennen. Die menschliche Erkenntnis wird aber auch einmal mehr als verstehendes Nachvollziehen des göttlichen Denkens verstanden; auch die characteristica universalis ist damit ein möglicher Weg der Annäherung an Gott. So findet der ethische Optimismus der praktischen Philosophie hier durchaus sein Pendant in der theoretischen Philosophie. Auch die Entsprechung von Leibniz' atomistischer Begriffstheorie und seiner Monadenlehre zeigt, wie stark sein Denken auf den unterschiedlichsten Ebenen von denselben Grundgedanken durchdrungen ist.

Die characteristica universalis, die Leibniz nie ausgeführt hat (in seinem Nachlaß findet sich nur eine Fülle von Vorarbeiten, vor allem von Definitionstafeln), sollte ihrerseits das Organon, das Hilfsmittel, zu einer enzyklopädischen Erfassung des gesamten menschlichen Wissens sein. Diesem ebenfalls unerfüllt gebliebenen Traum gab Leibniz den Namen scientia universalis, was vielleicht am ehesten noch mit allumfassender Wissenschaft zu übersetzen wäre.

Sprache: Leibniz' Interesse galt nicht nur der formalisierten Sprache der allgemeinen Zeichenkunst, er setzte sich auch auf sehr vielfältige Weise mit den natürlichen Sprachen auseinander. Zwischen beiden gibt es verbindende und auch unterscheidende Merkmale. Auch in den natürlichen Sprachen sieht Leibniz eine gewissen Verbindung zwischen dem Zeichen, dem Wort, und dem Bezeichneten, auch wenn sie nicht so klar ist wie in der Kunstsprache. Sehr modern anmutend, zeigt er dies etwa an Hand lautmalender Wörter, sogenannter Onomatopoetica, die allen Sprachen gemeinsame Wurzelwörter darstellen. Der entscheidende Unterschied aber ist der, daß natürliche Sprachen weder hinsichtlich des Vokabulars noch hinsichtlich ihrer Grammatik Eindeutigkeit gewährleisten können. Die Entwicklung der Sprachen interpretiert Leibniz als Fortentwicklung von einem ursprünglichen Zustand, der noch durch Vollkommenheit – und das heißt auch Eindeutigkeit – geprägt war. Durch seine sprachvergleichenden Studien gelangte er zu sprachwissenschaftlichen

Ergebnissen vor allem über den gemeinsamen Ursprung der Sprachen, die erst sehr viel später von der Germanistik wieder in der Hypothese von der indogermanischen Ursprache erreicht werden sollten. *Es scheinet daß in der that alle sprachen vom strohm Indo an, bis an das Mare Germanicum von einem ursprung seyn. aber von denen welche in Indien, Africa Romanis inexplorata, und America sich befinden, ist nicht wohl zu urtheilen.*[89]

Außerdem interessierten den Historiker Leibniz Sprachen als kulturhistorisches Phänomen. Ohne Sprache gäbe es schließlich auch keine Wissenschaft. Nur dort, wo die Sprache *rechtschaffen blühet, da thun sich auch zugleich trefliche geister in allen wißenschafften herfür*[90]. Dem Philosophen schließlich dienen auch die natürlichen Sprachen dazu, Erkenntnisse über den Verstand zu erlangen, denn *die Sprachen sind der beste Spiegel des menschlichen Geistes und ... eine genaue Analyse der Wortbedeutungen läßt uns vor allem anderen die Verstandestätigkeiten besser erkennen.*[91]

Geschichte

Leibniz' Wirken als Historiker und seine Bedeutung für die Geschichtswissenschaft sind – bezogen auf das Gesamtwerk des Universalgelehrten – oft als zweitrangig angesehen worden. Mit Berufung auf Leibniz selbst kann darauf verwiesen werden, daß er den Auftrag zur Abfassung der Welfengeschichte zunehmend als Bürde empfand, die ihn von mathematischen, naturwissenschaftlichen und philosophischen Arbeiten abhielt, und damit der Nutzen der Historie, die ihm den Lebensunterhalt sicherte, mit dem Nachteil erkauft wurde, seine genialen Fähigkeiten auf anderen Gebieten nicht voll ausschöpfen zu können. Eine solche Beurteilung verkennt jedoch den Stellenwert, den Leibniz der Kenntnis der Geschichte in allen Wissenschaftsdisziplinen zumaß sowie die Intensität, mit der er sich auch selbstgestellten zeitraubenden Aufgaben der Historiographie widmete.

Im Gegensatz zur Philosophie befaßt sich die Geschichte nur mit Tatsachenwahrheiten; beide Disziplinen stehen jedoch mit ihren je eigenen Möglichkeiten der Erkenntnis nicht im Widerspruch zueinander. Die Philosophen mokieren sich über die Forschungen der Antiquare, *und die Antiquare machen sich über das lustig, was sie die Träumereien der Philosophen nennen. Berechtigterweise aber muß man das Verdienst beider anerkennen*[92], so schreibt Leibniz im Jahre 1700. Geschichtliche Erkenntnis war für ihn als Juristen exakt nur durch volle Ausschöpfung und abwägende Wertung der historischen Quellen und den Methoden der Probabilitätslogik möglich. Allein sie erlaubte geschichtliche Wahrheitsfindung, das Hauptanliegen Leibnizscher Geschichtsschreibung. Auf dem Titelblatt der Welfengeschichte sollte eine Allegorie mit der Figur der Wahr-

SCRIPTORES
RERVM
BRVNSVICENSIVM
ILLVSTRATIONI INSERVIENTES,
ANTIQVI OMNES
ET RELIGIONIS REFORMATIONE PRIORES:
OPVS, IN QVO NONNVLLA CHRONICA
HVIVS VICINARVMQVE REGIONVM ET VRBIVM
EPISCOPATVVMQVE AC MONASTERIORVM, PRÆSERTIM
OSTFALIÆ
RES ETIAM ATESTINORVM LONGO-
BARDIÆ, ET GVELFORVM SVPERIORIS GERMANIÆ;
VITÆ ITEM HOMINVM ILLVSTRIVM
AVT PRINCIPVM:
OMNIA MAGNO STVDIO SVMTVQVE CONQVISITA,
QVÆDAM NVNC PRIMVM EX MANVSCRIPTIS ERVTA, PARS AVCTIORA
PLVRIMVM VEL EMENDATIORA, NONNVLLA DENIQVE EX LATEBRIS
AVT LIBELLIS FVGIENTIBVS OB RARITATEM IN CORPVS
ASSERTA, DIPLOMATIBVS PASSIM INTERSTINCTA;
CONTINENTVR
CÆTERIS GERMANIS ALIISQVE POPVLIS IN
REBVS SVIS AD POSTERITATEM TRANSMITTENDIS
ETIAM EXEMPLO PROFVTVRVM;
CVRA
GODEFRIDE GVILIELMI LEIBNITII.

HANOVERÆ,
Sumptibus NICOLAI FOERSTERI,
ANNO M DCC VII.

Titelblatt der «Scriptores rerum Brunsvicensium», Band 1

heit stehen, die über den Pyrrhonismus, d. h. den Skeptizismus gegenüber gesicherter Erkenntnis, triumphiert. Diesem Aufspüren der Wahrheit dienen Chronologie und Genealogie, das *Knochengerüst* und das *Nervensystem*[93] der Geschichtsschreibung, die am ehesten der quellenkritischen Prüfung standhalten und am weitesten dem Ideal mathematischer Beweisführung entsprechen.

Die Absicht, *sowohl die Geschichte von Land und Leuten als auch die der Herrscher*[94] zu schreiben, ist kein Programm zu einer umfassenden Politik- und Gesellschaftsgeschichte. Es geht Leibniz um die quellenkritische Eruierung von Faktizität in der Geschichte der Staaten und Dynastien und nicht um Geschichtsschreibung mit aufklärerischem Impetus, wie das 18. Jahrhundert sie entwickeln sollte. Leibniz' Kritikbegriff in der Historiographie ist derjenige der Philologie und noch nicht der gegenüber einer vergangenen politischen Wirklichkeit.

Den Anspruch auf exakte Darlegung der Fakten stellte Leibniz gleich zu Beginn an seine Arbeit, als er sich 1685 gegen die historische Fabelei des Theodoro Damaideno verwahrte, der soeben zum Zwecke des Herrscherlobs mit abstrusen Konjekturen die Welfengenealogie auf die großen Gestalten der römischen Antike zurückgeführt hatte. So sehr sich Leibniz auch der Rolle der Historie bei der Verbreitung von Ruhm und Ehre in der konkurrierenden absolutistischen Staatenwelt seiner Zeit bewußt und selbst nach Kräften bemüht war, das Ansehen seiner Fürsten zu mehren, so ist er doch in keinem Moment der Versuchung erlegen, Geschichte allein zum Zwecke der gefälligen Schmeichelei zu betreiben. Ohne das Ziel des Herrscherlobs aus den Augen zu verlieren, sollte die Genealogie auf eine wissenschaftliche Grundlage gestellt werden. *Es steht fest*, so schreibt er 1692 an Herzog Ernst August, *daß wir in einem aufgeklärten Jahrhundert leben, welches Exaktheit und Beweise in allen menschlichen Wissenschaften verlangt, soweit diese dazu fähig sind. Die Entdeckungen auf dem Gebiet der Himmelsmechanik, die genaue Beschreibung des Erdballs, die Anatomie der Tiere, die Beschreibung der Pflanzen, die Experimente der Chemie, die Analysis der Mathematiker, die militärischen Wissenschaften und alle Künste, sowohl die freien als auch die mechanischen, beweisen es. Diese Exaktheit, die die wahren Gelehrten heute fordern, erstreckt sich auch auf die Geschichtswissenschaft, die dafür am wenigsten geeignet erscheint und die tatsächlich einst von jenen Geschichtsschreibern in sehr romanhafter Weise behandelt worden ist, die nur danach getrachtet haben, den Mächtigen zu gefallen und die anderen zu unterhalten.*[95]

An dieser Überzeugung hielt Leibniz bei der Abfassung der *Annales imperii occidentis Brunsvicenses* bis zuletzt fest. Die wichtigsten Beweise für seine Darstellung der mittelalterlichen Geschichte, die Quellen, aus denen er geschöpft hatte und die er noch zugrunde legen wollte, veröffentlichte er 1707 bis 1711 in drei Bänden unter dem Titel *Scriptores rerum Brunsvicensium* vor dem eigentlichen Annalenwerk, zu dem er beauftragt worden war. Hätte er sich nur einer lästigen Arbeit entledigen wollen, hätte er dies zweifellos unter dem Beifall und mit Anerkennung des Kurfürsten in kürzerer Zeit tun können, aber an seinem Anspruch einer aus den Quellen geschöpften Darstellung des Themas wird deutlich, «daß Leibniz sein literarisches Gewissen und die Kritik der europäischen Wis-

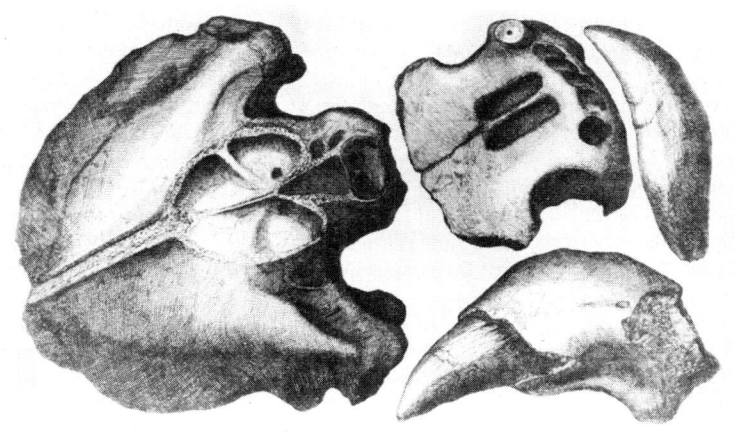

Abbildung von Knochenfunden und Versteinerungen aus der «Protogaea»

senschaft mehr fürchtete als Wünsche und Tadel fürstlicher Auftraggeber»[96].

Von deren Intention eines Nachweises der geschichtlichen Größe der Welfen entfernte sich Leibniz' historische Arbeit um so mehr, als zum einen die Annalen den Charakter einer Geschichte des Deutschen Reiches und Italiens im Mittelalter annahmen und zum anderen sich das Interesse des Verfassers immer stärker auf die Frühzeit verlagerte, statt die Darstellung im Sinne der üblichen Dynastiengeschichten auf die Gegenwart hinzuführen. *Die Ursprünge des Gegenwärtigen in der Vergangenheit der Kausalketten*[97] sucht Leibniz besonders dort zu erforschen, wo bisher der Kenntnisstand am geringsten war, in der Ur- und Frühgeschichte, in der Frage des Ursprungs der Völker und der Naturgeschichte vor dem Auftreten des Menschen.

Die 1694 abgeschlossene, aber erst 1749 veröffentlichte *Protogaea*, eine erd- und naturgeschichtliche Darstellung des niedersächsischen Raumes, für die Leibniz vor allem auf seine Beobachtungen in den Bergwerken und Höhlen des Harzes zurückgreifen konnte, sollte am Anfang der Annalen stehen, gefolgt von einer Abhandlung über den Ursprung und die Wanderungen der Völker, deren Herkunft Leibniz mangels urkundlicher Überlieferung mit Hilfe einer vergleichenden Sprachwissenschaft, *der Harmonie der Sprachen*[98], auf die Spur zu kommen hoffte. Zur Datierung und Einordnung archäologischer Zeugnisse machte er Vorschläge zur Vermessung der Fundorte, die bereits an die Methoden der Schichtengrabung erinnern, und in Überlegungen zur Kombination von historischer Sprachforschung mit Grabungsergebnissen nahm Leibniz siedlungsarchäologische Methoden vorweg, die erst 200 Jahre später zur vollen Anwendung kommen sollten.[99]

Der unendliche Eifer, mit dem Leibniz die Rückverfolgung der Kausalketten ad infinitum aus rein wissenschaftlichem Interesse betrieb, die Geschichtsforschung als *Vergnügen, das darin besteht, die Ursprünge zu kennen*[100], stand neben einer gegenwarts- und praxisorientierten Betrachtung von Geschichte als Grundlage der Politik und als Hilfswissenschaft der Jurisprudenz. Die römische Geschichte sollte der Kenntnis des bürgerlichen Rechts, die Kirchengeschichte der des Kanonischen Rechts dienen, die Geschichte des Mittelalters war Grundlage für das Lehnsrecht, und die Geschichte der unmittelbaren Vergangenheit stellte das Rüstzeug bereit für das öffentliche Recht. Ein besonderes Anliegen war ihm die Kenntnis der irenischen Bewegung zur Überwindung der Glaubensspaltung.[101]

Die Erkenntnis, *daß die Gegenwart mit der Zukunft schwanger und mit der Vergangenheit erfüllt ist*[102], macht Geschichtswissen in Leibniz' Augen gerade für diejenigen notwendig, die Gegenwart und Zukunft auf Grund ihrer Stellung gestalten können. Die Fürsten sollen *sich darauf verstehen, die Zukunft zu beurteilen, und zwar aus der Rückerinnerung an die ver-*

*gangenen und der Betrachtung gegenwärtiger Dinge, indem sie das Verhält-
nis und die Verbindung, in der sie miteinander stehen, beobachten. Das
erfordert eine mächtige Einbildungskraft, ein ausgezeichnetes Gedächtnis
und eine große Geschichtskenntnis, die das hervorragendste Licht der
Klugheit darstellt.*[103] In einer Epoche patrimonialen Staatsverständnisses,
in der Herrschaftsansprüche aus verbrieften historischen Rechten hergeleitet und Ansprüche auf Macht- und Gebietserweiterungen vornehmlich
mit der Erbfolge in und zwischen Dynastien begründet wurden, avan-
cierte Geschichte zu einem eminenten Faktor der Politik. *Die Geschichte
der Völker, der Königreiche und der Fürstentümer*, so wies Leibniz 1692
Ernst August auf die Bedeutung der Historiographie hin, *hängen sehr von
den Verbindungen und Veränderungen der* (Herrscher-)*Familien ab; daraus resultieren Kriege, die Vereinigung mehrerer Länder zu einer großen
Monarchie und die Ansprüche eines Herrschers gegen den anderen.*[104] Die
genaue Kenntnis der Archive und der Genealogie von Herrscherdyna-
stien wurde unter diesen Voraussetzungen fast ebenso wichtig wie ein ste-
hendes Heer.

Die Stellung als Leiter eines staatlichen, zentralisierten Archivwesens,
die Leibniz mehrfach auf Landes- und Reichsebene anstrebte, war keineswegs die eines unpolitischen Wissenschaftlers. Leibniz hat sich zu dieser Zweckgebundenheit der Geschichtswissenschaft bekannt und sein im-
menses historisches Wissen seinen hannoverschen Dienstherren im
Kampf um Macht und Geltung zur Verfügung gestellt. Sein Nachweis des
gemeinsamen Ursprungs der Welfen und des italienischen Hauses der
Este trug wesentlich zur Heirat der hannoverschen Prinzessin Charlotte
Felicitas mit Herzog Rinaldo III. von Modena bei. Den intriganten Vorwurf anderer Heiratsmakler, deren Schwester Wilhelmine Amalia sei als
Frau des römischen Königs und späteren Kaisers Joseph I.wegen ihrer
angeblichen Abstammung von Lucrezia Borgia nicht akzeptabel, wider-
legte er mit genealogischen Tabellen und Deduktionen. Ebenso trug
Leibniz historische Beweismittel zusammen, als die Welfen ihre Erbansprüche auf das Herzogtum Sachsen-Lauenburg anmeldeten, und auch in
der Frage, ob das Reichserzamt der neuzubildenden Neunten Kur des
Hauses Hannover mit den Ansprüchen anderer Reichsstände kollidierte,
wurde er gleichermaßen als Historiker wie als Jurist publizistisch zugunsten seines Landesherrn tätig.

Nicht nur für die außenpolitische Aufwertung und Machterweiterung
des Hauses Hannover, sondern auch für dessen innerterritoriale Herr-
schaftssicherung und -erweiterung entwarf Leibniz Pläne zur systematischen Erfassung historischer Urkunden, was immer auch eine Verfügbar-
machung von Rechtstiteln bedeutete. Seine mehrfachen Vorschläge zur
Inventarisierung aller Archive des Herrschaftsgebiets sollten ebenso wie
die europaweite Sammlung aller Dokumente, aus denen sich Ansprüche
der Welfen ableiten ließen, nur vordergründig dem Ziel dienen, die Mate-

rialsammlung zum Geschichtswerk zu vervollständigen, *denn das man auf jura domus zielet, nicht eben jedermann zu wißen nöthig hat*[105]. Vor dem Hintergrund dieser Überlegungen kann Leibniz nicht nur als Theoretiker[106], sondern auch als praktischer Helfer des Territorialabsolutismus angesehen werden. Die Geschichtswissenschaft hatte für Leibniz stets zwei Aspekte und Funktionen, die er nicht als Widerspruch begriff: sie war Magd der Politik und gleichermaßen zweckfreie Forschung zum exakten Wissen um den Menschen und seine Vergangenheit. Auch der Plan einer *Deutschen Historischen Gesellschaft*, für den sich Leibniz mehrfach beim Kaiser einsetzte, fußte auf diesen beiden Aspekten der Beschäftigung mit Geschichte an der Wende vom 17. zum 18. Jahrhundert.

Zwischen Geistes- und Naturwissenschaft: Naturphilosophie

Das wahre Kraftmaß: Auch im Hinblick auf seine Naturphilosophie betont Leibniz gern, welche Bedeutung historischen Positionen für sein eigenes Denken zukommt. So erklärt er etwa zu Beginn seiner *Dynamik*, daß in dieser Schrift *sowohl die Wahrheit als auch die Lehre der Alten berücksichtigt*[107] werde und daß es seine Absicht sei, die bislang von so vielen Jahrhunderten akzeptierte Philosophie eher zu erläutern, zu erhellen und durch neue Wahrheiten zu vermehren, als sie zu vernichten. *Ich erinnere mich*, so schreibt er zwei Jahre vor seinem Tod an Remond, *daß ich als Fünfzehnjähriger alleine in einem Wäldchen nahe Leipzig, Rosental genannt, spazierenging, um zu überlegen, ob ich die substantiellen Formen beibehalten sollte. Schließlich siegte die mechanistische Theorie und brachte mich dazu, mich der Mathematik zu widmen.*[108] Diese Entscheidung für ‹die Modernen› stieß aber bald an ihre Grenzen: *Aber als ich die letzten Gründe der Mechanik und der Bewegungslehre selbst suchte, war ich sehr überrascht zu sehen, daß es unmöglich war, sie in der Mathematik zu finden und daß man dazu in die Metaphysik zurückkehren mußte.*[109] Dieses Fundierungsverhältnis zwischen Metaphysik und Physik wird schon durch die Rede vom Resultieren der abgeleiteten Kräfte aus den ursprünglichen, ja, durch den Terminus ‹abgeleitete› Kraft selbst, ausgedrückt.

Besonders augenscheinlich wird dieser Gedanke bei der Frage nach dem wahren Maß der lebendigen Kraft. Lebendig ist die einem Körper zukommende abgeleitete Kraft dann, wenn sie mit einer Bewegung dieses Körpers verbunden ist; die tote Kraft hingegen ist die Möglichkeit eines Körpers, Eindrücke seiner Umgebung aufzunehmen, etwa Druck oder Stoß eines anderen Körpers. Der berühmten Regel Descartes', *daß Gott stets dieselbe Bewegungsgröße in der Welt erhält*[110], stimmte Leibniz anfangs zu. Ende der siebziger Jahre änderte sich dies jedoch; die inhalt-

Leibnitz wählt zwischen der alten und neuen Philosophie

«Leibniz wählt zwischen der alten und neuen Philosophie».
Stich nach Schubert, 1796

liche Fassung des Erhaltungssatzes, nicht aber dessen grundlegende Bedeutung selbst, lehnte er nun ab, weil *Herr Descartes und viele andere*
tüchtige Mathematiker geglaubt haben, die Bewegungsgröße, d. h. die Ge-

schwindigkeit multipliziert mit der Größe des bewegten Körpers [vm], *stimme völlig überein mit der bewegenden Kraft, oder, um es geometrisch auszudrücken, die Kräfte seien proportional dem Produkt aus Geschwindigkeit und Körper*[111].

Worum geht es in dieser Auseinandersetzung? Das Problem ist alles andere als ein innerphysikalischer Detailstreit, es ist vielmehr von grundsätzlicher Bedeutung. Wenn der Erhaltungssatz besagt, daß die Bewegungsmenge, also eine Quantität, in Naturvorgängen gleich bleibt, hat dies zur Konsequenz, daß die Bewegung als etwas Reales verstanden werden muß. Was aber ist Bewegung anderes als Ortsveränderung, Veränderung im Raum? Der Raum jedoch ist selbst nichts Reales, er ist eine relationale Ordnungsstruktur. *Wenn mehrere Körper ihre Lage untereinander ändern, so ist es durch die Betrachtung dieser Veränderung allein nicht möglich zu entscheiden, welchem von ihnen die Bewegung oder die Ruhe zugeschrieben werden muß.*[112] In der Monadenlehre wurde Kraft bereits als Reales erwiesen; wenn dies auch für die Physik gelten soll, muß Leibniz zeigen, daß sein Kraftbegriff von der cartesianischen Bewegungsquantität gänzlich unterschieden ist und dennoch mit dem Erhaltungssatz in Einklang steht.

Um hier aber den Unterschied zu zeigen, setze ich den Fall, daß ein von einer bestimmten Höhe herabfallender Körper die Kraft erhält, zurückzusteigen, wenn die Bewegungsrichtung ihn dahin führt, wenigstens sofern sich nicht irgendwelche Hindernisse einstellen: z. B. würde ein Pendel wieder vollkommen zu der Höhe zurücksteigen, von der es herabgefallen ist, wenn nicht der Luftwiderstand und einige andere kleine Hindernisse seine erlangte Kraft verringerten. Ferner nehme ich an, daß genausoviel Kraft dazugehört, einen ein Pfund schweren Körper A um die Höhe CD von vier Klaftern emporzuheben, wie dazu, einen vier Pfund schweren Körper B um die Höhe EF von einem Klafter zu heben. Dies alles wird von unseren neueren Philosophen zugestanden. Offenbar hat also der um die Höhe CD herabgefallene Körper A genausoviel Kraft erlangt wie der um die Höhe EF herabgefallene Körper B; denn der Körper (B) hat, wenn er bei F angelangt ist und dort die Kraft besitzt, wieder bis E emporzusteigen (nach der ersten Voraussetzung), folglich die Kraft, einen vierpfündigen Körper, d. h. seinen eigenen, um die Höhe EF eines Klafters emporzuheben; und imgleichen hat der Körper (A), wenn er nach D gelangt ist und dort die Kraft besitzt, wieder bis C emporzusteigen, die Kraft, einen einpfündigen Körper, d. h. seinen eigenen, um die Höhe CD von vier Klaftern zu befördern. Also ist (nach der zweiten Voraussetzung) die Kraft dieser beiden Körper die gleiche. Sehen wir nun zu, ob die Bewegungsgröße beiderseits auch die gleiche ist. Hier aber wird man überrascht sein, einen gewaltigen Unterschied zu finden. Durch Galilei ist nämlich bewiesen worden, daß die durch den Fall CD erlangte Geschwindigkeit doppelt so groß ist wie die durch den Fall EF erlangte Geschwindigkeit, obwohl die Höhe das Vierfa-

che beträgt. Multiplizieren wir also den Körper A = 1 mit seiner Geschwindigkeit = 2, so wird das Produkt oder die Bewegungsgröße = 2 sein; multiplizieren wir andererseits den Körper B = 4 mit seiner Geschwindigkeit = 1, dann wird das Produkt oder die Bewegungsgröße = 4 sein; es ist also die Bewegungsgröße des Körpers (A) im Punkte D die Hälfte der Bewegungsgröße des Körpers (B) im Punkte F und doch sind ihre Kräfte einander gleich. Also besteht ein sehr großer Unterschied zwischen der Bewegungsgröße und der Kraft, was zu zeigen war. Man ersieht hieraus, daß die Kraft nach der Größe der Wirkung, die sie hervorbringen kann, eingeschätzt werden muß, z. B. nach der Höhe, auf die ein schwerer Körper von bestimmter Größe und Art emporgehoben werden kann, was etwas ganz anderes ist als die Geschwindigkeit, die man ihm geben kann.[113]

An anderer Stelle findet sich die physikalische Definition der lebendigen Kraft: *So ist es nicht verwunderlich, daß die Kräfte zweier gleicher Körper nicht den Geschwindigkeiten, sondern den Ursachen oder Wirkungen ihrer Geschwindigkeiten, also den Höhen, die sie hervorbringen bzw.*

Skizze von Leibniz aus dem Konzept zum «Discours de métaphysique»

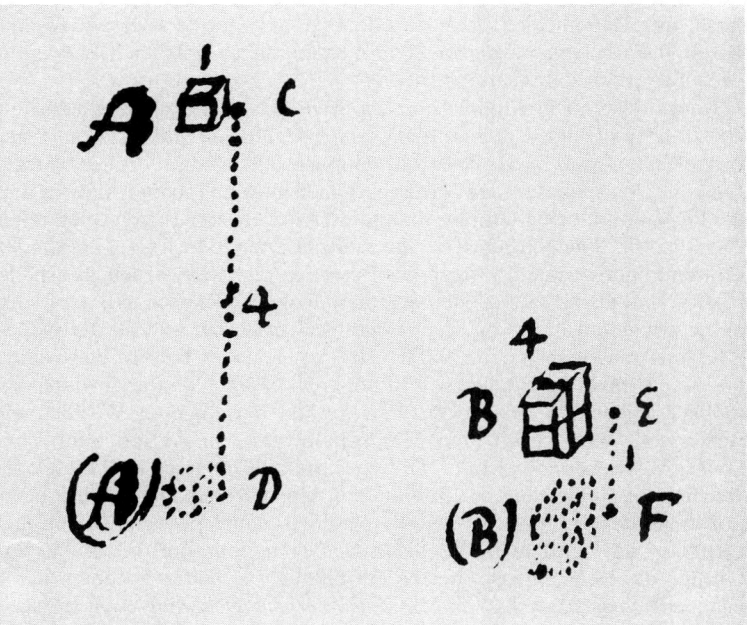

die von ihnen hervorgebracht werden können, oder dem Quadrat der Geschwindigkeit proportional sind.[114] An die Stelle von Descartes' Kraftmaß mv (Masse mal Geschwindigkeit) tritt jetzt ms (Masse mal Fallhöhe), oder, weil $s \approx v^2$ gilt, mv^2. *Die Unterscheidung von Kraft und Bewegungsgröße ist wichtig, u. a. um zu zeigen, daß man auf metaphysische Erwägungen zurückgreifen muß... um die Phänomene der Körperwelt zu erklären.*[115] Das Reale ist also die lebendige Kraft, die, wie es heute heißt, kinetische Energie.

<u>Physikalische Grundgesetze</u>: Fundamentale Gesetze der Leibnizschen Naturlehre sind ferner, daß Veränderungen kontinuierlich und nicht abrupt vor sich gehen (*die Natur macht keine Sprünge*), daß jeder Aktion eine Reaktion zukommt und vor allem, daß es eine vollkommene Entsprechung zwischen Ursache und Wirkung geben müsse. In letzterem sieht Leibniz *das umfassendste und unverbrüchlichste*[116] aller Naturgesetze. Wie in seiner Monadenlehre, so lehnt Leibniz auch in der Naturphilosophie atomistische Theorien ab. Materie ist räumlich, und somit muß die Teilung unendlich sein. Aus Räumlichem erhält man durch Teilung stets wieder Räumliches, das wegen seiner Räumlichkeit wiederum teilbar ist. Käme man zu einem kleinsten und damit auch nicht weiter teilbaren Teilchen, so hätte man sich im Labyrinth des Kontinuums verheddert, denn das Kontinuitätsprinzip gewährleistet ja gerade, daß Räumliches qua seiner Räumlichkeit i m m e r teilbar ist, also, um es anders zu formulieren, daß es ebensowenig ein kleinstes räumliches Teilchen geben kann, wie eine größte Zahl denkbar ist.

<u>Kausalität und Finalität</u>: Ganz im Sinne des von Leibniz wiederholt zitierten Bibelwortes, daß Gott alles *nach Maß, Zahl und Gewicht*[117] geordnet habe, muß in der Natur ausnahmslos alles kausal erklärt werden können. Das bedeutet, daß Naturgeschehen ganz unabhängig davon, daß die Physik durch die Metaphysik fundiert wird, mechanistisch verstanden werden muß. Die Naturgesetze ihrerseits können jedoch final begründet sein und dann aus dem Prinzip des Besten hergeleitet werden. Beispiele hierfür sind etwa Leibniz' Neubestimmung des Fermatschen Satzes vom ausgezeichneten Lichtweg, der besagt, daß das Licht im Fall der Reflexion stets den kürzesten, im Fall der Brechung den leichtesten Weg wählt, und sein Prinzip der kleinsten Wirkung, daß nämlich «unter gewissen als möglich gedachten Vorgängen stets gerade derjenige in Wirklichkeit stattfindet, welcher mit dem Mindestaufwand von Aktion oder Wirkungsgröße verbunden ist»[118]. Diesen Extremalprinzipien liegt die Überzeugung zugrunde, daß mit minimalem Aufwand maximale Wirkungen erzielt werden, oder, wenn man sie teleologisch interpretiert, daß Gottes Denken und Handeln im höchsten Maße effizient sind. Damit ist im Grunde die Definition der besten der möglichen Welten gegeben, nämlich *zugleich die einfachste an Prinzipien und die reichhaltigste an Erscheinungen*[119] zu sein. Daß auch Leibniz' Erhaltungssatz der kinetischen

Leibniz. Bleistiftzeichnung von Adolph Menzel

Energie in diesen Zusammenhang gehört, wird besonders in der Korrespondenz mit Clarke, einem vehementen Verfechter der newtonischen Physik, deutlich. Der Gott Newtons muß, da seine Welt durch Reibung stetig Energie verliert, immer wieder ins Weltgeschehen eingreifen, um die verlorene Energie zu ersetzen. Um wieviel vollkommener muß da doch Leibniz' Modell erscheinen, um wieviel besser hat Leibniz' göttlicher Uhrmacher die Welt da doch eingerichtet! Analog zu der Monaden-

welt ist auch die phänomenale Welt von Anbeginn an so perfekt eingerichtet, daß keinerlei späterer Eingriff durch Gott mehr nötig ist.

Auch die Naturgesetze können also nach Leibniz zum Ruhme Gottes
gereichen, denn sind sie erst einmal richtig entdeckt, dann läßt sich die
Vollkommenheit der Welt auch auf physikalischem Wege erweisen. Daneben kann finalen Erklärungsweisen von Naturgeschehen aber auch
eine heuristische Funktion zukommen. *Immerhin werden auch finale Ursachen... oft mit großem Gewinn auch in physikalischen Spezialfällen an-
gewendet, nicht nur, damit wir die wunderschönen Werke des höchsten
Schöpfers mehr bewundern, sondern auch damit wir gelegentlich auf diesem Weg erahnen, was auf dem Weg der wirkenden Ursachen nicht auf
gleiche Weise oder nur hypothetisch zugänglich ist.*[120] Daß die Natur auch
final interpretiert werden kann, wurde ja schon gesagt, können sich doch
das Reich der Macht oder der wirkenden Ursachen und das der Weisheit
oder der finalen Ursachen *überall gegenseitig durchdringen, während dennoch die Gesetze von beiden unvermischt und ungestört bleiben*[121]. Der
Rückverweis auf Gott findet sich also auch in Leibniz' Naturphilosophie,
die jedoch zugleich so ausgelegt ist, daß Gott nicht zur Erklärung einzelner Phänomene oder Geschehensabläufe herangezogen werden muß.
Nur wer die Frage nach den die Physik fundierenden Gesetzen stellt oder
das Ganze denkt, muß auch Gott mitdenken, seine Urheberschaft in
Rechnung stellen. Das Ganze denken ist aber nach Leibniz ebensowenig
wie die Frage der Fundierung bestimmter physikalischer Gesetze Aufgabe der Physik, diese Fragen führen, wie schon der Fünfzehnjährige gesehen hat, zurück in die Metaphysik.

Mathematik

Seinem Selbstverständnis nach war Leibniz in erster Linie Mathematiker;
selbst der Philosoph trat dahinter klar zurück. *Meine Metaphysik*, so
schreibt er einmal an den Marquis de L'Hôpital, einen der bedeutendsten
mathematischen Köpfe des Jahrhunderts, *ist sozusagen gänzlich Mathematik, zumindest könnte sie es werden.*[122] Immer wieder sieht er philosophische Probleme analog zu mathematischen, immer wieder sieht er in
den mathematischen Lösungsansätzen Vorbilder für die philosophischen.
Als er in der *Théodicée* der Frage nach dem Ursprung der Übel nachgeht,
wendet er sich an den Leser: *Man muß sich nicht wundern, wenn ich diese
Dinge durch Vergleiche mit der reinen Mathematik aufzuklären suche, in
der alles ordnungsgemäß verläuft und in der man die Mittel hat, sie durch
eine genaue Untersuchung zu entwirren, aus der wir sozusagen einen er-
freulichen Einblick in die göttlichen Ideen gewinnen. Man kann eine Folge
oder Serie von Zahlen annehmen, die augenscheinlich ganz unregelmäßig
ist und in der die Zahlen ganz verschieden zu- und abnehmen, ohne daß*

sich darin irgendeine Ordnung zeigt; und trotzdem wird derjenige, welcher den Schlüssel zu dem Rätsel besitzt und den Ursprung und Aufbau dieser Zahlenreihe kennt, eine Regel angeben können, die richtig aufgefaßt, die Serie als sehr wohl regelmäßig und sogar wohlproportioniert zeigt.[123] Da der Mensch, wie oben gesagt wurde, grundsätzlich die Rationalität des göttlichen Schaffens einsehen kann, ist dies die Kehrseite des Blattes, auf dem steht, daß die Welt entsteht, wenn Gott rechnet.

Ohne jeden Zweifel ist Leibniz ein großer, ein genialer Mathematiker gewesen, und ohne ihn hätte diese Wissenschaft eine andere Entwicklung genommen. Vor allem zwei Leistungen im Feld der Mathematik sind es, mit denen der Name Leibniz unmittelbar in Zusammenhang gebracht wird: das duale oder auch dyadisch oder binär genannte Zahlensystem und die Infinitesimalrechnung.

Dyadik

Im Unterschied zum Zehnersystem kennt das duale Zahlensystem nur zwei Charaktere oder Ziffern: 0 und 1. Soll eine Zahl im Dualsystem dargestellt werden, so wird sie in eine Summe von Zweierpotenzen zerlegt, wobei die Charaktere jeweils angeben, ob eine Stelle besetzt (1) oder nicht besetzt (0) ist.

Dyadische Zahlenpyramide von Leibniz, 1705

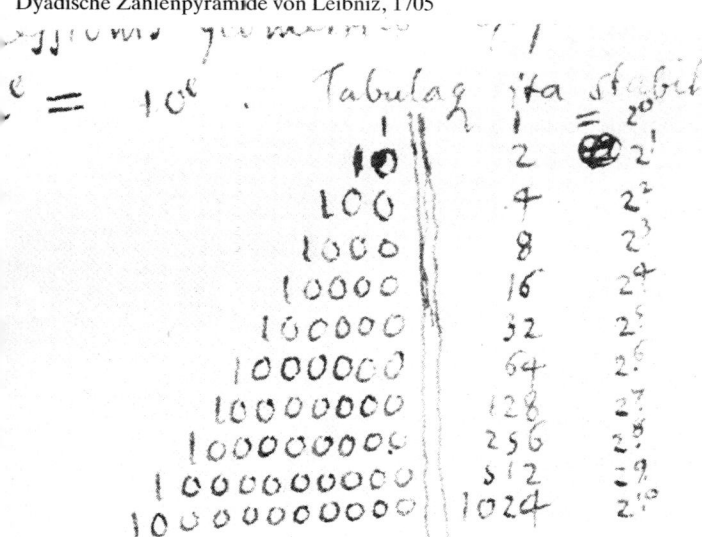

dekadisches oder Zehner-System	duales oder Zweier-System	Die aus Zweierpotenzen gebildeten Summen
1	1	$1 \cdot 2^0$
2	10	$1 \cdot 2^1 + 0 \cdot 2^0$
3	11	$1 \cdot 2^1 + 1 \cdot 2^0$
4	100	$1 \cdot 2^2 + 0 \cdot 2^1 + 0 \cdot 2^0$
5	101	$1 \cdot 2^2 + 0 \cdot 2^1 + 1 \cdot 2^0$
6	110	$1 \cdot 2^2 + 1 \cdot 2^1 + 0 \cdot 2^0$
7	111	$1 \cdot 2^2 + 1 \cdot 2^1 + 1 \cdot 2^0$
8	1000	$1 \cdot 2^3 + 0 \cdot 2^2 + 0 \cdot 2^1 + 0 \cdot 2^0$
9	1001	$1 \cdot 2^3 + 0 \cdot 2^2 + 0 \cdot 2^1 + 1 \cdot 2^0$
10	1010	$1 \cdot 2^3 + 0 \cdot 2^2 + 1 \cdot 2^1 + 0 \cdot 2^0$
11	1011	$1 \cdot 2^3 + 0 \cdot 2^2 + 1 \cdot 2^1 + 1 \cdot 2^0$
12	1100	$1 \cdot 2^3 + 1 \cdot 2^2 + 0 \cdot 2^1 + 0 \cdot 2^0$

Mit den durch das Dualsystem gewonnenen Charakterenfolgen (10 heißt natürlich nicht «zehn», sondern «eins – null», weil ihr nicht der Wert 10, sondern der Wert 2 zukommt; 10 hat im dualen System den Wert 2, im Dreiersystem den Wert 3,... im Zehnersystem den Wert 10, im Elfersystem den Wert 11 usw.) lassen sich alle Grundrechenarten ähnlich, aber noch einfacher als im Zehnersystem ausführen:

Addition

dekadisches oder Zehnersystem:

$9 + 3 = 12$

duales oder Zweier-System:

$$
\begin{array}{r}
1\,0\,0\,1 \\
+ \quad {}_1 1_1 1 \\
\hline
1\,1\,0\,0
\end{array}
\qquad
\begin{array}{l}
(1 \cdot 2^3 + 0 \cdot 2^2 + 0 \cdot 2^1 + 1 \cdot 2^0) \\
(1 \cdot 2^1 + 1 \cdot 2^0) \\
\hline
(1 \cdot 2^3 + 1 \cdot 2^2 + 0 \cdot 2^1 + 0 \cdot 2^0)
\end{array}
$$

1. Stelle: $1 + 1$ ergibt 10, also 0 und «1 im Sinn»
2. Stelle: $0 + 1 +$ «1 im Sinn» ergibt 10, also wieder 0 und «1 im Sinn»
3. Stelle: $0 +$ «1 im Sinn» ergibt 1
4. Stelle: in der Frontposition bleibt die 1 von 1001 erhalten.

Die Rechenoperationen sind also denen des Zehner-Systems völlig analog.

Subtraktion

$$9 - 3 = 6$$

$\quad 1001$	$(1 \cdot 2^3 + 0 \cdot 2^2 + 0 \cdot 2^1 + 1 \cdot 2^0)$
$- \ _1{}_1 11$	$(1 \cdot 2^1 + 1 \cdot 2^0)$
$\quad 110$	$(1 \cdot 2^2 + 1 \cdot 2^1 + 0 \cdot 2^0)$

1. Stelle: $1 - 1$ ergibt 0
2. Stelle: $0 - 1$ ergibt 1 und «1 im Sinn»; es wird dieselbe Rechenoperation wie z. B. bei $10 - 6$ im Zehnersystem vollzogen: von 6 bis 0 wird berechnet wie von 6 bis 10 (10 ist der Grundwert des Zehnersystems) sind 4, und «1 im Sinn» wird auf die nächstliegende linke Position, also die nächsthöhere Stelle, übertragen
3. Stelle: $0 -$ «1 im Sinn» ergibt wiederum 1 und «1 im Sinn»
4. Stelle: $1 -$ «1 im Sinn» ergibt 0, die in der Anfangsposition nicht ausgewiesen wird.

Multiplikation

$$9 \cdot 3 = 27$$

$$
\begin{array}{l}
\underline{1001 \cdot 11} \\
1001 \\
1001 \\
\hline
11011
\end{array}
$$

Division

$$9 : 3 = 3$$

$$
\begin{array}{l}
1001 : 11 = 11 \\
\underline{11} \\
\quad 11 \\
\quad \underline{11} \\
\quad\ 0
\end{array}
$$

Obgleich Leibniz auf die Erfindung der Dyadik ausgesprochen stolz war, wußte er innermathematisch nur wenig, im Grunde gar nichts damit anzufangen. Zwar war Leibniz der erste, der eine Vierspeziesrechenmaschine entwarf und bauen ließ, eine solche Rechenmaschine also, mit der alle vier Grundrechenarten ausgeführt werden konnten, und zusammen mit der Erfindung des Dualsystems, auf dessen Grundlage heute elektronische Rechner arbeiten, steht er am Anfang des Weges, der lange nach ihm zur Erfindung des Computers führen sollte. Seine tatsächlich gebaute Rechenmaschine aber mußte auf der Grundlage des Zehnersystems arbeiten, da die Realisierung seiner Gedankenskizze einer dualen Maschine die feinmechanischen Fertigkeiten der damaligen Zeit weit überfordert hätte. Das Hauptproblem, das bei der Konstruktion der Rechenmaschine zu lösen war, bestand in der mechanischen Umsetzung des Zehnerüber-

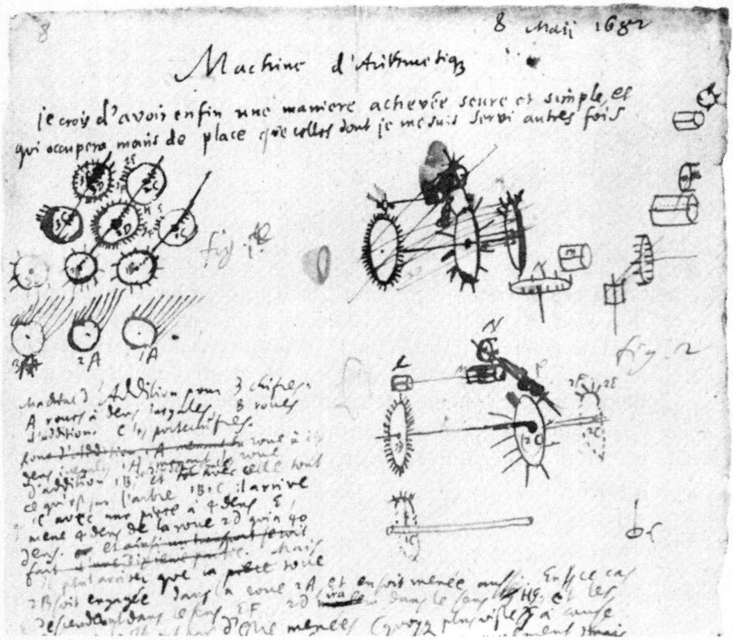

Konstruktionszeichnung von Leibniz für seine Rechenmaschine, 1682

Leibniz' Vier-Spezies-Rechenmaschine. Länge 80 cm, Breite 30 cm, Höhe 15 cm

trags: 9999 + 4 ergibt 10003, also müssen auf einen Schlag vier Überträge durchgeführt werden, was nur durch sehr aufwendige mechanische Konstruktionen möglich war. Das Problem, das Zahnrad einer jeden Stelle mit einer Umdrehung der Handkurbel dem eingestellten Wert entsprechend weiter zu drehen (bei $1 \cdot 73$ etwa die Einer um 3 Zähne, die Zehner um 7 Zähne), löste Leibniz durch die Entwicklung der Staffelwalze, die noch heute ein Bauelement mechanischer Rechenmaschinen ist.

Ihre ‹Anwendung› fand die Dyadik in einem ganz anderen Bereich: Eine der biblischen Grundlehren *ist die erschaffung aller dinge aus nichts durch die allmacht Gottes. Nun kan man wohl sagen daß nichts in der welt sie beßer vorstelle, ja gleichsam demonstrire, als der ursprung der zahlen wie er alhier vorgestellet, durch deren ausdrückung bloß und allein mit Eins und Null oder Nichts, und wird wohl schwehrlich in der Natur und Philosophi ein beßeres vorbild dieses geheimnißes zu finden seyn.*[124] Doch die Dyadik, so heißt es an gleicher Stelle, dem sogenannten Neujahrsbrief (12. Januar 1697) an Herzog Rudolf August von Wolfenbüttel, zeigt noch viel mehr, denn anders als das Zehnersystem ist sie auch Symbol der Vollkommenheit der Welt: *Es ist aber auch dabey nicht weniger betrachtungswürdig, wie schöhn darauß erscheine nicht nur daß Gott alles aus nichts gemacht, sondern auch daß Gott alles wohl gemacht, und daß alles was er geschaffen, guth gewesen; wie wirs hier denn in diesem vorbild der Schöpfung auch mit augen sehen. Denn anstatt daß bey der gemeinen vorstellung der zahlen keine ordnung noch gewiße folge in den characteren oder bezeichnungen derselben sich spühren läßet, so erweiset sich hingegen aniezo, da man auff deren innersten grund und urstand siehet, eine wunderbar schöhne ordnung und einstimmung, so nicht zu verbeßern.* In der Dyadik sieht Leibniz ein so überzeugendes Sinnbild des christlichen Glaubens, daß er sie sogar als Mittel der Heidenbekehrung einsetzen will. So schlägt er vor, man möge sie dem chinesischen Kaiser, der *ein sehr großer Liebhaber der RechenKunst sey,* vorlegen, *es möchte vielleicht dieses vorbild des Geheimnißes der Schöpfung dienen, ihm des Christlichen glaubens vortrefflichkeit mehr und mehr vor augen zu legen*[125].

Die Analogie, die Leibniz zwischen Dyadik und christlichem Glauben sieht, übersteigert sich zuweilen allerdings in einen bizarren Zahlenmystizismus, so etwa in einem Brief an den französischen Jesuitenpater Bouvet, der als Missionar in China tätig ist, wo es heißt: *Zu Beginn des ersten Tages war die 1, das heißt Gott. Zu Beginn des zweiten Tages die 2, denn Himmel und Erde wurden während des ersten geschaffen. Schließlich zu Beginn des siebenten Tages war schon alles da; deshalb ist der letzte Tag der vollkommenste und der Sabbat, denn an ihm ist alles geschaffen und erfüllt, und deshalb schreibt sich die 7 (im dualen System) 111, also ohne Null. Und nur wenn man die Zahlen bloß mit 0 und 1 schreibt, erkennt man die Vollkommenheit des siebenten Tages, der als heilig gilt, und von dem noch bemerkenswert ist, daß seine Charaktere* (nämlich in der Schreibweise 111) *einen Bezug zur Dreifaltigkeit haben.*[126]

Infinitesimalrechnung

Zwei Fragestellungen standen im Brennpunkt der mathematischen Bemühungen der Leibniz-Zeit: das Quadratur- und das Tangentenproblem. Bei der ersten Fragestellung ging es darum, krummlinig begrenzte Flächen (und auch deren Rotationsvolumina) zu berechnen. Dies hatte man bisher hauptsächlich dadurch versucht, daß man die entsprechenden Flächen in kleine, geradlinig begrenzte Flächen, meist Rechtecke und Quadrate (daher der Name ‹Quadratur›) zerlegte. Hinter der zweiten

Leibniz' Erstveröffentlichung des Infinitesimalkalküls...

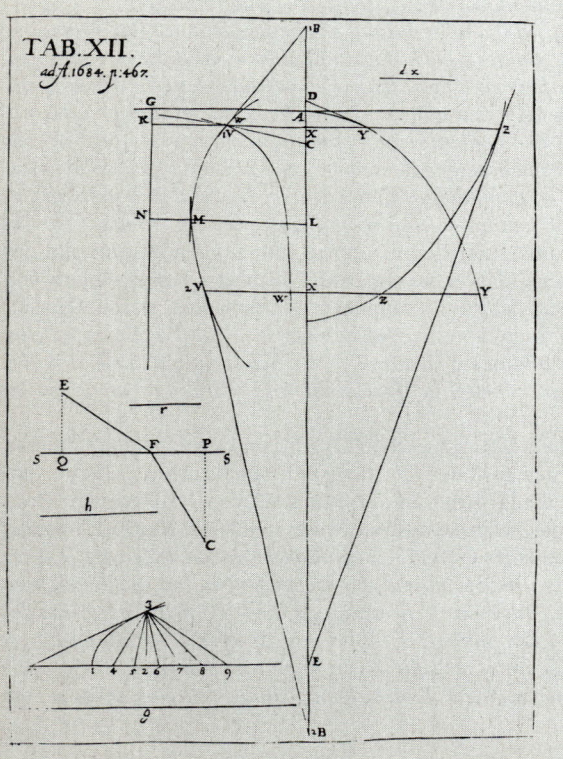

Fragestellung steht der Versuch, Kurvenneigungen bzw. -steigungen zu berechnen. Ist man in der Lage, zu jedem Punkt einer Kurve die Tangente zu bestimmen, so kennt man auch für jeden dieser Punkte die Neigung der Kurve.

Fig. 1 verdeutlicht, daß die Steigung der Kurve OPQ im Punkt P durch das Verhältnis von PR : RT ausgedrückt wird, denn die Steigung etwa einer Straße ist ja nichts anderes als das Verhältnis von Höhenunterschied zu zurückgelegter Strecke.

Auf beide Fragestellungen gab Leibniz mit der Infinitesimalrechnung, die Differential- und Integralrechnung umfaßt, die gesuchte Antwort. Mittels des Differentialkalküls können Tangenten an beliebigen Kurven, mittels der Integralrechnung beliebige krummlinig begrenzte Flächen berechnet werden.

...in den «Acta eruditorum», Oktober 1684

MENSIS OCTOBRIS A. M DC LXXXIV. 467

NOVA METHODUS PRO MAXIMIS ET MI-
nimis, itemque tangentibus, quæ nec fractas, nec irrationales
quantitates moratur, & singulare pro illis calculi
genus, per G. G. L.

Sit axis AX, & curvæ plures, ut V V, W W, Y Y, Z Z, quarum ordi-.TAB.XII
natæ, ad axem normales, V X, W X, Y X, Z X, quæ vocentur respective, p, w, y, z ; & ipsa A X abscissa ab axe, vocetur x. Tangentes sint
V B, W C, YD, Z E axi occurrentes respective in punctis B, C, D, E.
Jam recta aliqua pro arbitrio assumta vocetur dx, & recta quæ sit ad
dx, ut p (vel w, vel y, vel z) est ad .V B (vel W C, vel YD, vel Z E) vocetur d p (vel d w, vel dy vel dz) sive differentia ipsarum p (vel ipsarum w, aut y, aut z) His positis calculi regulæ erunt tales :

Sit a quantitas data constans, erit da æqualis o, & d $\overline{ax}$ erit æqu-
a dx : si sit y æqu p (seu ordinata quævis curvæ Y Y, æqualis cuivis ordinatæ respondenti curvæ V V) erit dy æqu. d p : Jam *Additio & Sub-*
tractio : si sit z $-$ y $+$ w $+$ x æqu. p, erit d z $-$ y $+$ w $+$ x æqu d p, seu
dz $-$ d y $+$ d w $+$ d x. *Multiplicatio,* d x $\overline{p}$ æqu. x d p $+$ p dx, seu posito
y æqu. x p, fiet d y æqu x d p $+$ p d x. In arbitrio enim est vel formulam,
ut x p, vel compendio pro ea literam, ut y, adhibere.   Notandum & x
& d x eodem modo in hoc calculo tractari, ut y & dy, vel aliam literam
indeterminatam cum sua differentiali.   Notandum etiam non dari
semper regressum a differentiali Æquatione, nisi cum quadam cautio-
ne, de quo alibi.   Porro *Divisio,* d $\frac{p}{y}$ vel (posito z æqu. $\frac{p}{y}$) dz æqu.
$\frac{\pm p\, dy \mp y\, dp}{yy}$

Quoad *Signa* hoc probe notandum, cum in calculo pro litera
substituitur simpliciter ejus differentialis, servari quidem eadem signa,
& pro $+$ z scribi $+$ dz, pro $-$ z scribi $-$ d z, ut ex additione & subtra-
ctione paulo ante posita apparet ; sed quando ad exegesin valorum
venitur, seu cum consideratur ipsius z relatio ad x, tunc apparere, an
valor ipsius d z sit quantitas affirmativa, an nihilo minor seu negativa :
quod posterius cum fit, tunc tangens Z E ducitur a puncto Z non versus A, sed in partes contrarias seu infra X, id est tunc cum ipsæ ordinatæ

z decre-

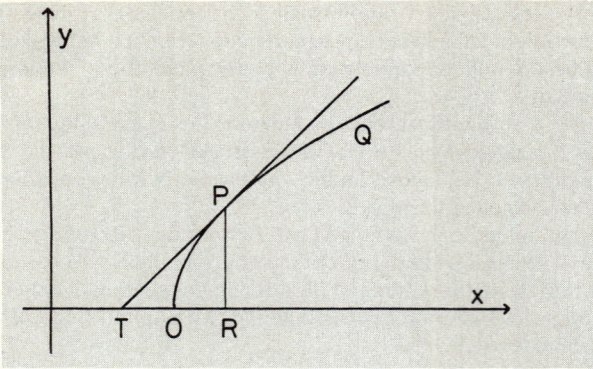

Fig. 1

Der erste entscheidende Schritt zur Lösung der anstehenden Aufgaben war die Erkenntnis der Bedeutung des triangulum characteristicum, des charakteristischen Dreiecks. Fig. 2 zeigt einen Kreis, an den im Punkt P die Tangente gezeichnet ist. Von der Subnormalen QR, der Normalen PR sowie der Ordinate PQ wird ein rechtwinkliges Dreieck gebildet. Dieses Dreieck QRP ist jedem Dreieck ähnlich, das aus der Tangente und entsprechenden Abschnitten auf den Parallelen zur Ordinate bzw. zur Abszisse gebildet wird. Die Dreiecke PST und PQR entsprechen einander, d. h., das Verhältnis TS : SP ist gleich RQ : QP. Dabei bleibt unabhängig von der Länge der Strecken TS und SP deren Verhältnis zueinander konstant, und das sogar, wenn die Strecken TS und SP gegen unendlich kleine Werte dy und dx streben, also als infinitesimale Größen gedacht werden, denn die Proportionen zu den Strecken des Dreiecks QRP bleiben bestehen. Das Verhältnis der beiden Strecken dy und dx ist aber gerade die gesuchte Steigung der Tangente und damit eine für die Kurve ausschlaggebende Größe.

 Fig. 2

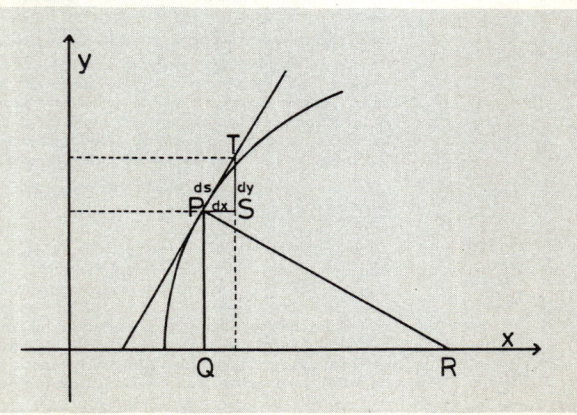

Diese Zusammenhänge waren für Spezialfälle schon vor Leibniz nutzbar gemacht worden. Der entscheidende Durchbruch gelingt Leibniz dadurch, daß er zum einen erkennt, daß es solche zum charakteristischen Dreieck ähnliche Dreiecke und mithin feststehende Proportionalitäten grundsätzlich bei allen (stetigen) Kurven und für alle Punkte derselben gibt und daß die Form der Dreiecke (des infinitesimal kleinen mit den Seiten dx, dy und ds und eines endlichen, das z. B. aus Normale, Subnormale und Kurvenordinate gebildet wird) von dem jeweiligen Kurvenpunkt abhängt, in dem die Tangente bestimmt wird. Damit sagt das infinitesimale Dreieck selbst etwas Kennzeichnendes über die Kurve aus – es ist eben ein charakteristisches Dreieck. Wenn nun dx gegen 0 strebt und das Dreieck mit den Seiten dx, dy und ds unendlich klein wird (denn dy ist ja von dx abhängig, da y = f(x) eine Funktion von x ist), wird ds zu einem Kurvenelement mit der Steigung der Tangente. Formal läßt sich der von Leibniz definierte Differentialquotient so ausdrücken:

$$\frac{dy}{dx} = \lim_{\Delta x \to 0} \frac{\Delta y}{\Delta x}$$

Das Verhältnis, so ist diese Formel zu ‹übersetzen›, von dy zu dx ist definitionsgemäß gleich dem Grenzwert der Verhältnisse Δy zu Δx, wenn Δx gegen 0 strebt. Dabei sind Δx bzw. Δy Differenzen zweier benachbarter Werte der x- bzw. y-Koordinate. – Der Differentialkalkül ist deshalb so revolutionär, weil hier erstmals mit infinitesimal kleinen Größen grundsätzlich ebenso gerechnet werden konnte wie mit endlichen.

Faßt man nun – etwas unpräzise gesprochen – all die durch das Differenzieren gewonnenen Kurvenelemente ds mit den ihnen jeweils zukommenden Neigungen zusammen, so «rekonstruiert» man gleichsam die Kurve selbst aus all ihren Tangentenelementen. Entsprechend kann man die Ordinate y rekonstruieren aus der Summe der Ordinatendifferenzen y = $\Sigma \Delta$y, und falls Δx und damit Δy beliebig klein werden, wird aus der Summe das Integral

$$y = \int dy$$

was ‹übersetzt› heißt: Die Funktion y ist gleich der Summe aller infinitesimal kleinen Teile der Funktion. Setzt man nun

$$\Delta y = \frac{\Delta y}{\Delta x} \cdot \Delta x$$

und geht man zum Grenzwert über, so folgt nach Einsetzen in die vorletzte Gleichung

$$y = \int \left[\frac{dy}{dx}\right] \cdot dx$$

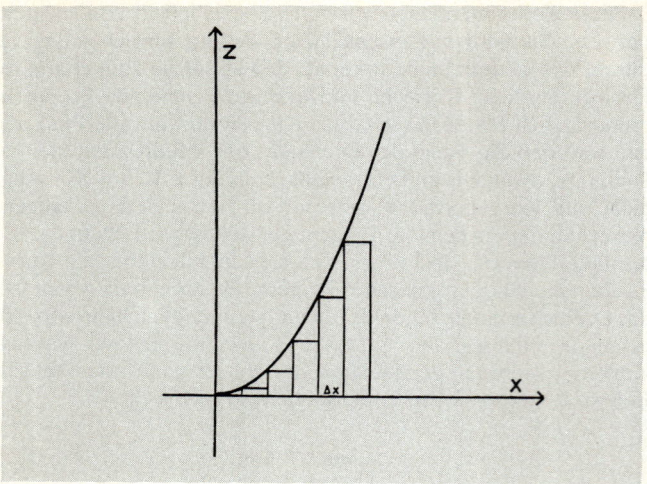

Fig. 3

Der Klammerausdruck ist aber gerade der oben definierte Differentialquotient. Differenzieren und Integrieren erweisen sich somit als inverse Operationen. Bleibt noch die Aufgabe, das Integral geometrisch zu deuten.

Setzt man statt des Klammerausdrucks eine Funktion $z(x)$ ein, so erweist sich $\Sigma z(x)\Delta x$ als Summe von Rechtecken unter der Kurve $z(x)$, die beim Grenzübergang $\Delta x \rightarrow 0$ zum Flächeninhalt unter der Kurve wird:

$$F = \int z(x)dx.$$

Damit ist auch das Quadraturproblem grundsätzlich gelöst.

1675 liegt eine erste Ausarbeitung des Infinitesimalkalküls vor. Erst fast ein Jahrzehnt später, 1684 nämlich, veröffentlicht Leibniz erste Ergebnisse – und stößt auf Ablehnung und Unverständnis. Seine Zeitgenossen sind überfordert, teils durch die Abstraktheit des Kalküls, teils durch die mehr verbergende als offenbarende und mit Druckfehlern durchsetzte Darstellungsweise. Jakob Bernoulli, der zu den besten Mathematikern zählt, die Europa zu jener Zeit aufzubieten hat, braucht – nachdem ein Hilfeersuchen wegen Leibniz' Abwesenheit unbeantwortet blieb – geraume Zeit, ehe er die neue Rechenart völlig durchdrungen hat. Dann allerdings verhelfen er und sein jüngerer Bruder Johann zusammen mit L'Hôpital der Infinitesimalrechnung zu ihrem Siegeszug, der jedoch zunächst verdunkelt wird vom sogenannten Prioritätsstreit: Newton beansprucht, als erster die Infinitesimalrechnung erfunden zu haben, und beschuldigt Leibniz des Plagiats. Dabei unterstützt ihn die gesamte britische Insel und insbesondere die gewaltige Royal Society, deren Präsident er ist. Heute weiß man, daß Newton bereits um 1670 seinen Infinitesimalkalkül, den er Theorie der Fluxionen nannte, entwickelt hatte; man weiß aber auch, daß Leibniz seinen Kalkül selbständig und ohne Kenntnis der Ergebnisse Newtons entwickelte. Lediglich die Tatsache, daß Newton eine entsprechende Methode gefunden haben mußte, war Leibniz aus Briefen bekannt, jedoch keinerlei Einzelheiten inhaltlicher Art.

Auf Grund der eingängigeren Formalisierung setzten sich die Leibnizsche Art des Kalküls und vor allem sein Differential- und Integralzeichen in der Mathematik durch; nur die Engländer blieben Newton und seiner komplizierteren Formalisierung zunächst treu, was zur Folge hatte, daß

IOANNES BERNOVLLIVS.
Phil. et Med. D. Acad. Scient. Petropolit. et Parisiensis
et et Societatum regiarum Londinensis atqs Berolin. item
que instituti Scientiarum Bononiensis, membrum Profess.
Math. Publ. et p. t. Rector Academiæ Basilæensis.
Nat. A. S. R. MDCLXVII, d. 27. Iul. st. v.

Johann Bernoulli.
Stich von J. Haid

Isaac Newton. Stich nach dem Gemälde von Godfrey Kneller

sie für rund ein Jahrhundert den Anschluß an die mathematische Forschung verpaßten. Leibniz' Entdeckungen und Veröffentlichungen zur
Infinitesimalrechnung, zu denen auch wichtige Ergebnisse in der Reihen-
lehre (Leibnizsches Konvergenzkriterium), in der Differentialgeometrie
(Berührungen höheren Grades, Theorie der Enveloppen) und in der
Theorie der Differentialgleichungen (lineare, Bernoullische Differen-
tialgleichung) gehören, sind die Geburtsstunde dessen, was heute im allgemeinen höhere Analysis genannt wird, desjenigen Teilgebietes der Mathematik also, dessen grundlegende Begriffe Funktion, Grenzwert und
Stetigkeit sind.

Es liegt nahe, es ist geradezu verführerisch, die Monadenlehre in einen
direkten Bezug zur Infinitesimalrechnung zu bringen. Aron Gurwitsch,

einer der bedeutendsten Leibniz-Interpreten dieses Jahrhunderts, spricht so z. B. von einem auf der Hand liegenden Zusammenhang zwischen Leibniz' «Auffassung der Substanz mit den Begriffen der am Anfang ihrer Entwicklung stehenden neueren Mathematik». Gemeint ist vor allem, daß jeder einzelne Zustand einer Monade analog zu einem durch Differenzieren gewonnenen Kurvenelement zu interpretieren ist; durch Integrieren «kann man, wenn man den Wert der Funktion für ein einziges Argument kennt, ihre Werte für alle Argumente finden»[127]. In der Tat beruft sich Leibniz gern und oft auf die Mathematik, namentlich auf mathematische Reihen, wenn er das Enthaltensein der Vergangenheit und noch viel mehr der Zukunft in gegenwärtigen Zuständen erklärt. So wie *jede geordnete Reihe die Regel des Fortschreitens oder das Gesetz des Fortschrittes in sich trägt*[128], so ist Gottes Voraussicht des zukünftigen Geschehens zu verstehen: er sieht, um in dem Bild zu bleiben, ein winziges Kurvenelement und weiß sofort um die ganze Funktion. Doch nicht nur jeder Zustand einer Monade ist gleichsam das Differential der ganzen Monade, jede Monade ist zugleich auch wie das Differential der Welt insgesamt zu sehen. Weil alles *in der Natur mit Zahl, Maaß und Gewicht oder Kraft gleichsam abgezirkelt* ist, darf man folgern, *das alles mathematisch, das ist, ohnfehlbar zugehe in der ganzen weiten Welt, so gar, daß wenn einer eine gnugsame Insicht in die innren Theile der Dinge haben könnte, und dabey Gedächtniß und Verstand gnug hätte, umb alle Umbstände vorzunehmen und in Rechnung zu bringen, würde er ein Prophet seyn, und in dem Gegenwärtigen das Zukünftige sehen, gleichsam als in einem Spiegel*[129].

Die Theorie von der Repräsentation der Welt durch jede einzelne Monade kann also auch in die Sprache der Mathematik umformuliert werden. Sehr überraschend ist dies freilich nicht, wurde doch der innere Zusammenhang des Leibnizschen Denkens schon an vielen Stellen deutlich. Diese Analogie zur Mathematik zielt jedoch weit mehr auf das Kontinuitätsprinzip als auf die Infinitesimalrechnung ab, denn gerade die Tatsache, daß sie keine Sprünge machen, zeichnet ja die Linien und Kurven aus. Zudem spricht gegen die Analogie zwischen Monade und Differential, daß dem Differential das abgeht, was die Monade auszeichnet: Individualität.

Über die Analysis hinaus hat Leibniz noch in vielfacher Hinsicht weitere bleibende Leistungen in der Mathematik erbracht. Mit seiner Analysis situs hat er grundlegende Fragen aufgeworfen, die heute in der Topologie nur zum geringen Teil beantwortet werden; in der Determinantentheorie hat er wesentliche Ergebnisse G. Cramers und J. J. Sylvesters vorweggenommen. Sein Einfluß auf die Entwicklung der Mathematik läßt sich vielleicht am besten an der mathematischen Notation ablesen: auf ihn geht nicht nur der Begriff der Funktion und der transzendentalen Größe zurück, er führt auch den Divisionsdoppelpunkt ein und benutzt als einer der ersten den Multiplikationspunkt. Die heute übliche Schreib-

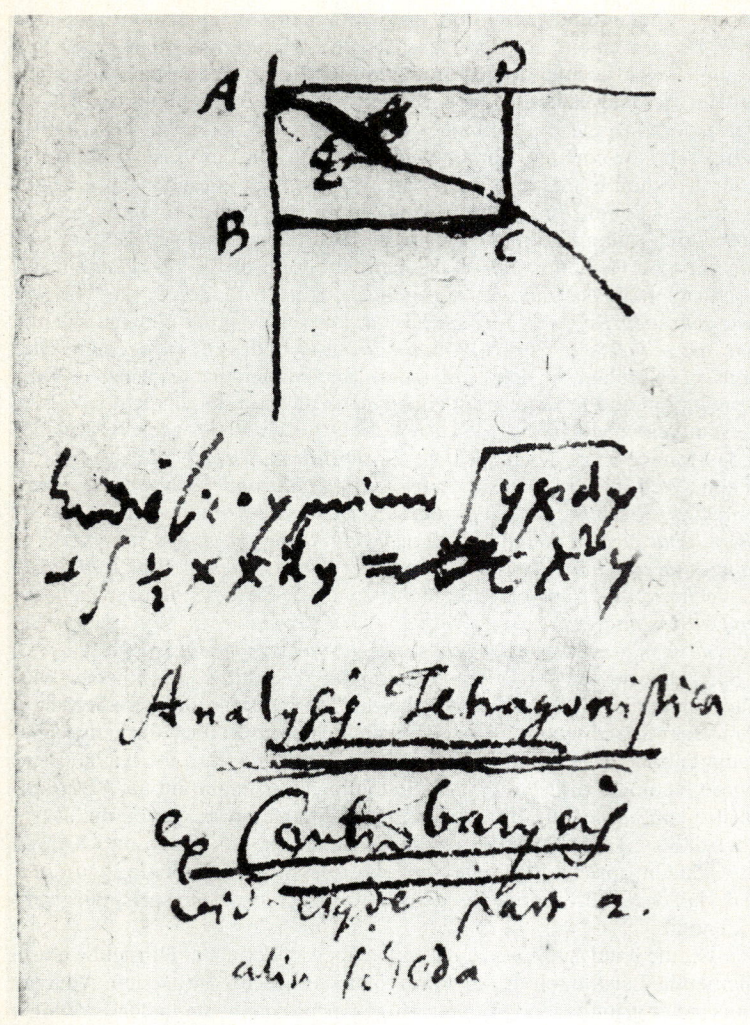

Randnotiz von Leibniz mit Integralzeichen, 1675

weise für Proportionen und Indizes hat er eingeführt, ebenso wie die in der Geometrie verwendeten Zeichen für ‹kongruent› und ‹ähnlich›. So hat er in vielfältiger Weise das formale Handwerkszeug der modernen Mathematik mitgestaltet oder überhaupt erst geschaffen.

Theoria cum praxi

Technik

Erfindungskunst – das meint bei Leibniz längst nicht nur *die wahre Logik oder die ars inveniendi*[130], das heißt auch Erfindungskunst im technischen Bereich. Erfindungskunst meint auch Praxis. Daß die Praxis nicht von der Wissenschaft unabhängig gedacht wird, ist bei einem durch und durch dem Rationalitätsgedanken verschriebenen Menschen wie Leibniz nicht verwunderlich. *Die Kunst der Practick steckt darinn daß man die zufälle selbst unter das joch der wißenschafft so viel thunlich bringe. Ie mehr man dieß thut, ie bequemer ist die theori zur Practick.*[131] Theoria cum praxi, Theorie und Praxis, lautet das Motto, das er über sein Werk stellte. Der Elfenbeinturm der Wissenschaft war sein Zuhause nie. Gemäß der Grundüberzeugung, daß diese Welt die beste der möglichen ist, weil sie vervollkommnungsfähig ist, geht es ihm darum, zum Nutzen der Gemeinschaft zu wirken. Daß eine auf die Praxis bezogene Wissenschaft selbst noch längst keine Praxis ist, sieht er ebenso klar wie die Tatsache, daß Praxis ohne Wissenschaft auch zu nichts führt. *Man täuscht sich sehr oft, wenn man Praxis das nennt, was Theorie ist, und umgekehrt. Denn ein Handwerker, der weder Latein noch den Euklid kennt, wird, sofern er ein geschickter Mensch ist und die Gründe seines Tun kennt, tatsächlich die Theorie seiner Kunst kennen und in der Lage sein, das jedem Erfordernis Angemessene zu finden. Auf der anderen Seite wird ein Halbgelehrter, der mit einer eingebildeten Wissenschaft großtut, Maschinen und Gebäude entwerfen, die nicht gelingen können, weil er überhaupt nicht die nötigen theoretischen Kenntnisse hat.*[132] Den Königsweg sah Leibniz in der Verbindung von *Theoretikern und Praktikern (Empiricis) zu einer glücklichen Ehe,* damit so *von einem des andern mängel suppliret*[133] würden. Auf dem Feld der Technik vollzog Leibniz diese Ehe mit sich selbst – und sie wurde alles andere als glücklich.

Im Herbst des Jahres 1679 kam es zu einem Vertrag zwischen dem Bergamt in Clausthal und Leibniz. Der Erzbergbau im Harz war eine wichtige, aber auch deshalb unsichere Einnahmequelle der hannoverschen Herzöge, weil die benötigte Energie, um das zusitzende, also das in den Stollen stehende Wasser aus den Gruben zu fördern, hauptsächlich aus den Gebirgsbächen gewonnen wurde, die bei Trockenheit und Frost

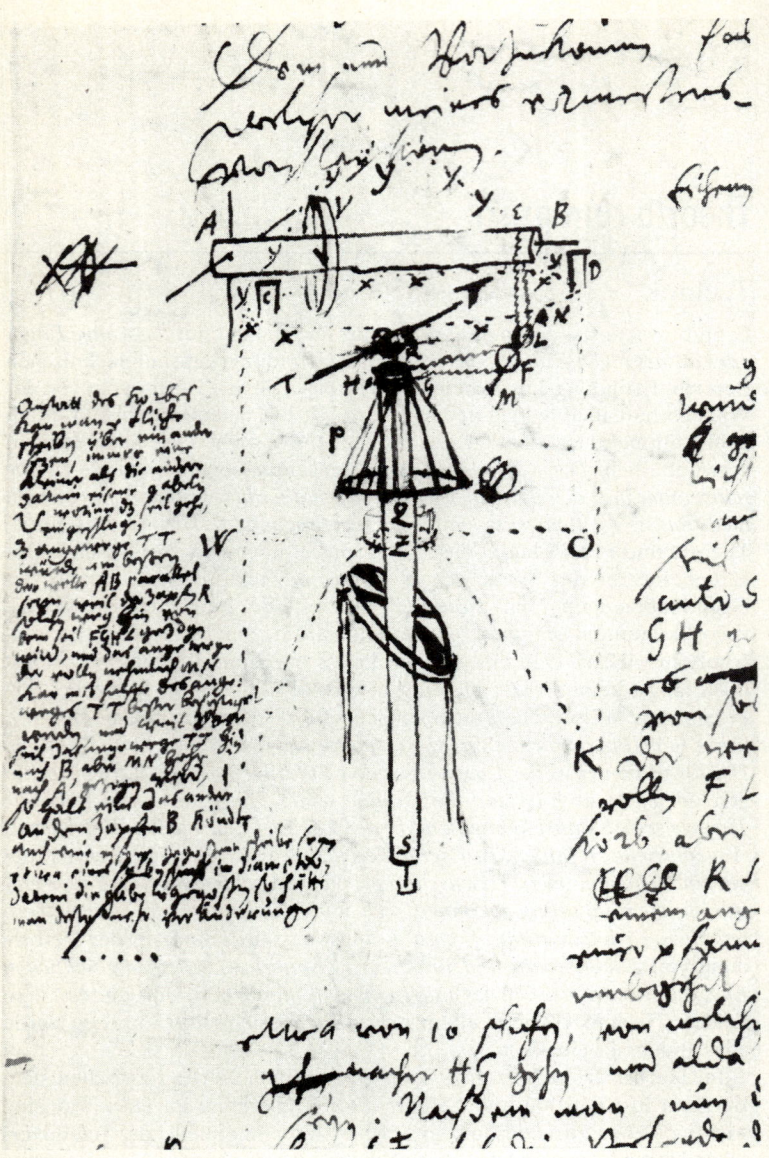

Konstruktionszeichnung von Leibniz zum Konischen Seilkorb

oft genug versiegten. Der «Hoffrath Gotfried Wilhelm Leibnitz», so heißt es in dem Vertrag, hätte sich erboten, daß er dem Clausthaler Bergwerk «in waßermangelenden zeiten durch eine avantageuse Invention zu hülffe kommen, undt vermittelst der Coniunction windes undt waßers die Gruben derogestalt zu sumpf halten wolte, daß eine notable quantität der Ertze mehr, alß sonsten, mit ansehnlichem Vortheil des Bergwerks nach abzug aller kosten gefo[r]dert und heraus gebracht werden solte; Undt zwar were Er zu dem ende erbötig, auf seinen Verlag eine Windtmühle an einen dazu ausersehenden undt zu gnugsahmen beweiß der nutzbahrkeit seiner invention dienlichen ort und gruben anzulegen.»[134] Dieser Ort war die Grube St. Catharina, die «avantageuse Invention» eine horizontale Windkunst.

Die Horizontalwindkunst besteht aus einer senkrecht zur Unterlage stehenden Achse, an der nach der Art heutiger Drehtüren gewinkelte Holzblätter montiert sind. Im Unterschied zu den üblichen Vertikalwindmühlen hat sie den Vorteil, daß sie nicht in die Windrichtung gedreht werden muß. Mittels der Horizontalkünste sollte nicht nur das zusitzende Wasser aus den Gruben abgepumpt werden, sie sollten darüber hinaus dieses Wasser in höher gelegene Teiche zurückführen, damit es als Betriebswasser wieder genutzt werden konnte. Nach diesem Prinzip arbeiten noch heute Pumpspeicherwerke. Leibniz ging es darum, einen Kreislauf zu schaffen, bei dem möglichst wenig Energie verlorenging. Die Pumpen, die diese Windmühle betreiben sollte, waren so konstruiert, daß sie nicht nachgefrischt werden mußten, d. h., daß nicht erst Wasser in die Rohre eingefüllt werden mußte, ehe sie nach Stillstand wieder ansaugten. Auch Leibniz wollte seine Uhren so konstruieren, daß er möglichst nicht mehr eingreifen mußte. Dieses Ideal zerbrach im wahrsten Sinne des Wortes an den Materialien der Zeit: die Welle und das gesamte Räderwerk waren aus Holz, ebenso die Flügel; Kugellager gab es noch nicht. Zudem wurde dem Gelehrten, der sich scheute, unter Tage zu fahren, *wo ich mich selbst nicht sehen könnte*[135], viel Mißtrauen entgegengebracht, zuweilen wurde die Arbeit sabotiert, u. a. auch dadurch, daß schlechtes Holz verwendet wurde, zuweilen spielten Wind und Wetter nicht mit. Der erhoffte Erfolg stellte sich nicht ein, die Versuche wurden eingestellt.

Eine weitere Erfindung von Leibniz, die ebenfalls den Bergbau betrifft, konnte sich zu seiner Zeit ebensowenig durchsetzen: das endlose Seil. Die Enden der Förderkette sollten miteinander verbunden werden, weil so die Kette rundlaufen konnte und, was das entscheidende war, die – sehr beträchtlichen – Gewichte des auf- und ablaufenden Teils der Kette sich die Waage halten konnten, womit das zu bewältigende Gewicht nur mehr das der Förderlast selbst war. Da die Schächte der Harzer Gruben nicht senkrecht, sondern schräg in den Berg getrieben waren, verhakte sich die Kette immer wieder, so daß auch diese Versuche, mit denen Leib-

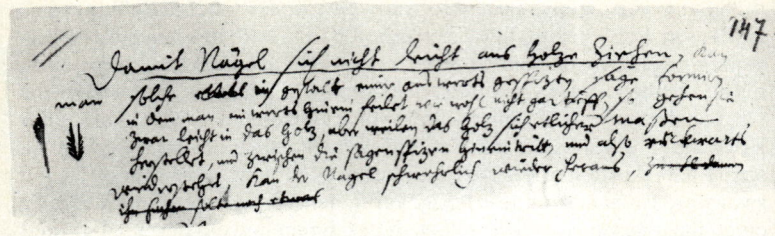

«Damit Nägel sich nicht leicht aus Holze ziehen...»

niz 1685 begann, erfolglos abgebrochen werden mußten. Auch spätere Versuche, mittels eines konischen Seilkorbs und einer zylindrischen Seiltrommel einen vollkommenen Gewichtsausgleich bei der Erzförderung zu erreichen, schlugen fehl.

Es wäre jedoch falsch, die Gründe für Leibniz' Scheitern nur in äußeren Widrigkeiten zu sehen. Es fehlte ihm in mancher Hinsicht an der für die Praxis nötigen Geduld, was sich allein schon darin zeigt, wie flüchtig seine Konstruktionszeichnungen etwa für die Windkünste gemacht sind. Sie sind frei Hand gezeichnet, enthalten weder Proportionsangaben noch irgendwelche Hinweise zur Statik, wohl aber zeigen sie das Prinzip, wie eine Maschine funktionieren sollte. Gezeigt zu haben, daß eine Idee grundsätzlich zu realisieren ist, anderen gezeigt zu haben, daß *also müglich gemacht worden, was sie für unmüglich gehalten*[136], genügt ihm oft schon. Leibniz ging es auch im Harzer Bergbau nicht in erster Linie darum, Gewinne zu maximieren, ihm lag vielmehr daran, die Macht des menschlichen Geistes zu zeigen.

Letztlich siegte der Theoretiker über den Praktiker, obwohl sich in seinen nachgelassenen Papieren ausgesprochen wichtige Ideen für die Praxis, wie z. B. erste Konstruktionen zur Regelungstechnik, finden. Auch war Leibniz zuweilen ausgesprochen an praktischen Details interessiert. So findet sich in seinem Nachlaß auch eine Skizze, mit der er den Dübel vorwegnimmt: *Damit Nägel sich nicht leicht aus Holze ziehen, kan man solche in gestalt einer auswerts gespitzen säge formiren, in dem man einwerts hinein feilet, wie wohl nicht gar tieff, so gehen sie zwar leicht in das Holz, aber weilen das Holz sich etlicher maßen herstellet, und zwischen die sägenspizen hineintritt, und also rückwärts widerstehet, kan der Nagel schwehrlich wieder heraus.*[137]

Akademien

Die Gleichwertigkeit von Theorie und Praxis bei Leibniz zeigt sich nicht nur in der Umsetzung technischer Erfindungen, theoria cum praxi war für ihn vielmehr eine übergeordnete Maxime, aus der die Wissenschaft insgesamt ihre Legitimation herleitete, indem sie gewonnene Erkenntnisse zum Nutzen der Gesellschaft in die Tat umsetzte. So machte Leibniz in der Gründungsphase der Brandenburgischen Sozietät der Wissenschaften deutlich, daß der fürstliche Wunsch nach einem Observatorium zwar willkommener Anlaß zur Einrichtung einer wissenschaftlichen Gesellschaft sei, die Sternenbeobachtung jedoch nicht ihr Hauptzweck sein könne, *weilen, wenn es* (das Werk der Akademie) *hauptsächlich darinnen beruhet, alles auf blosse Curiosität ohne besonderen nutzen auslauffen würde*[138]. Vielmehr sah Leibniz den Zweck der Sozietät darin, *theoriam cum praxi zu vereinigen, und nicht allein die Künste und Wissenschaften, sondern auch Land und Leute, Feldbau, Manufacturen und Commercien, und mit einem Wort die Nahrungsmittel zu verbessern, überdies auch solche Entdeckungen zu thun, dadurch die überschwengliche Ehre Gottes mehr ausgebreitet, und dessen Wunder besser als bisher erkannt... würden*[139].

Ihre letztliche Begründung findet die angewandte Wissenschaft in Leibniz' Metaphysik: die als Spiegel Gottes von ihrer Vernunft geleiteten Menschen streben in der arbeitsteiligen Organisation einer Akademie nach universaler Erkenntnis und umfassender Ausbreitung und Anwendung dieses Wissens mit dem Ziel, Gottes wohlgeordnetes Regiment zu imitieren und Harmonie in der Welt sowie Glückseligkeit für alle zu erreichen. *Der wahre glaube... ist nicht nur reden, ja nicht nur dencken, sondern practice dencken, das ist thun, als wenns wahr were.*[140] Wissenschaft ist damit Gottesdienst. In seinem Kern enthält dieses Programm jedoch bereits das Paradigma säkularisierter neuzeitlicher Weltdeutung, die im Glauben an die Perfektibilität von Individuum und Gesellschaft mit Hilfe wissenschaftlicher Erkenntnis und ihrer Anwendung die überkommene Vorstellung des Gottesreiches vom Jenseits in die diesseitige Lebenswelt transferiert.

Mit dem universellen Anspruch, den Leibniz an die Wissenschaft stellt, bedarf sie, um praktisch zu werden, der Politik. In dieser Überzeugung liegt die Wurzel von Leibniz' fortwährendem, auch von der Erfahrung der eigenen Einflußlosigkeit nicht zu erschütterndem Bestreben, selbst auf der politischen Bühne – wenn auch nur beratend im Hintergrund – eine Rolle zu spielen. Die vollkommenste Art, Gott zu dienen, so schreibt er ungefähr 1671 in seinem *Grundriß eines Bedenckens von Aufrichtung einer Societät in Teutschland zu auffnehmen der Künste und Wißenschafften*, ist die der politisch Tätigen, der *Lenker der öffentlichen Angelegenheiten*, weil sie *sich bemühen nicht allein den glanz Göttlicher Herrligkeit*

Titelkupfer der «Miscellanea Berolinensia», 1710. Zu Füßen der Minerva:
Leibniz' Rechenmaschine, rechts davon eine mathematische Reihe mit der
Differentialsymbolik

in der Natur zu finden, sondern auch durch imitation nachzuahmen...
Dieß sind die, welche die erfundene Wunder der Natur und Kunst zur arze-
ney, zur mechanick, zur commodität des Lebens, zu materi der arbeit und
Nahrung der armen, zu abhaltung der Leute von Müßiggang und Lastern,
zu handhabung der Gerechtigkeit... ja zu glückseeligmachung des
Menschlichen Geschlechts so viel an ihnen ist anwenden.[141]

In ihrer Aufgabe, die Vernunft praktisch werden zu lassen, beruht die
Politik für Leibniz nicht auf einem Interessenausgleich, sondern ihr Ziel

ist die Durchsetzung einer als richtig und wahr erkannten Ordnung durch den Staat. Das Herrschafts- und Ordnungswissen dafür stellt die Wissenschaft bereit, so wie umgekehrt der – ganz in Analogie zur Monadenhierarchie – absolutistisch regierte und ständisch gegliederte Staat der Wissenschaft die notwendigen Rahmenbedingungen zur Entfaltung ihrer Möglichkeiten bereitstellt. Leibniz setzt seine Hoffnung auf die *weisen Herrscher . . . die Helden, so Gott zu ausführung seines Willens, als principaleste instrumenta geschaffen* [142], die kraft ihrer Macht mit der Gründung wissenschaftlicher Sozietäten die Keimzellen zur Rationalisierung aller Lebensbereiche legen. Noch 1712, nachdem alle Pläne zur Realisierung seiner Ideen im Rahmen der Territorialstaaten des Deutschen Reiches gescheitert waren und die vorgebliche tabula rasa des russischen Imperiums Leibniz' Vorstellungen beflügelte, resümierte er in einer Denkschrift für Zar Peter, daß ihm zur Realisierung seiner weitgefaßten Pläne *nichts anderes gefehlet, als ein großer Herr, der sich der Sach genugsam annehmen wollen* [143]. Daß ein so gefaßtes Konzept von Theorie und Praxis, das zugleich ein Modell zum Verhältnis von Staat und Gesellschaft beinhaltete, auch die Gefahr der Diktatur im Namen von Vernunft und allgemeiner Wohlfahrt in sich barg, konnte dem Optimisten Leibniz, der sich selbst als *Generalanwalt des öffentlichen Wohls* [144] sah, noch nicht zum Problem werden.

Betrachtet man unabhängig von der zeitgebundenen absolutistischen Grundkonzeption Leibniz' konkrete Pläne, wo und wie der Staat aktiv werden sollte, so muten seine Ideen sehr modern an. Zu einer *Topographia politica*, die er 1678 seinem Herzog vorschlägt, sollen Daten gesammelt werden, die Aufschluß geben über Besitz und Einkommen der Bewohner, den Import und Export von Waren nebst Preisen, über die Arbeit, der die Einwohner nachgehen, *wie viel ein ieder durch seine Arbeit verdiene, und wie viel er arbeite* [145]. Zusammen mit den Vorschlägen zur Einrichtung einer Versicherung gegen Feuer- und Flutschäden, zu einer Art ‹Sozialversicherung›, die für hinterbliebene Familienmitglieder aufkommt, zu einer Kreditanstalt, die an Arme Geld und Saatgetreide zu Sonderkonditionen gibt, zu öffentlichen Werkstätten, die Arbeitswilligen ihr Auskommen sichern, und schließlich zu einer ‹Denkfabrik›, in der Gelehrte auf allen Gebieten weiterforschen, steckt Leibniz Felder staatlicher Einflußnahme und Disziplinierung, aber auch staatlicher Verantwortung für das Gemeinwohl in einem Umfang ab, wie ihn erst der Aufgeklärte Absolutismus hundert Jahre später wieder erreichte und wie er erst einige weitere Generationen später realisiert werden sollte.

Das Dilemma der Vermittlung von Theorie und Praxis war auch hier – wie in der Technik, der angewandten Mathematik und auf vielen anderen Gebieten des Leibnizschen Werkes – das Dilemma eines universalen antizipierenden Denkers, der die Bedingungen für eine Umsetzung der Theorie in die Praxis noch nicht vorfand.

Wirkung

Bis heute ist weder die Rezeptions- noch die Wirkungsgeschichte des Leibnizschen Denkens geschrieben. Vielleicht ist dies aber auch eine so schwierige Aufgabe, daß sie gar nicht gelöst werden kann.[146]

Zu seinen Lebzeiten erschienen kaum Werke von Leibniz im Druck. Einzig die *Théodicée* erreichte ein breites Publikum, einzig sie wurde zu einem Klassiker. Der größte Teil seiner Abhandlungen jedoch, auch solche, die heute wie selbstverständlich mit dem Namen Leibniz assoziiert werden, wurde erst lange Zeit nach seinem Tod publiziert, etliches ist noch immer unveröffentlicht. So erschien beispielsweise der *Discours de métaphysique*, heute zumindest im universitären Betrieb d e r Leibniz-Text schlechthin, erstmals 1864. Immer wieder aber hat Leibniz seine Gedanken vor allem in Briefen mitgeteilt. Da seinerzeit Briefe gelehrten Inhalts in der Regel von vielen gelesen wurden, erlangten seine Gedanken eine Öffentlichkeit, die kaum mehr zu rekonstruieren ist.

Obwohl der Harmoniegedanke prägend für das Leibnizsche Werk ist, steht sein Name auch für eine Reihe von großen Kontroversen des ausgehenden 17. Jahrhunderts. Sein *Kurzer Beweis eines bemerkenswerten Irrtums des Cartesius* (1686) war ein Angriff auf die Dynamik von Descartes. An diese Arbeit schlossen sich nicht nur weitere Zeitschriftenaufsätze an, in denen Leibniz sich kritisch mit der cartesianischen Philosophie auseinandersetzte, sondern sie führte auch zu einem langjährigen Disput mit den Cartesianern François Catelan, Nicolas Malebranche und Denis Papin. Einer der schärfsten zeitgenössischen Kritiker der Theorie der prästabilierten Harmonie, des Theodizeeproblems und anderer religionsphilosophischer Positionen von Leibniz war Pierre Bayle, der seinen Dissenz mit Leibniz durch sein «Dictionnaire historique et critique» der gebildeten Öffentlichkeit bekannt machte. Nicht zuletzt aus dieser Kontroverse entstand die *Théodicée*. Auch die Auseinandersetzungen mit anderen großen Denkern fanden ihren Niederschlag in bedeutenden Werken von Leibniz: Die Antwort auf Lockes Philosophie formulierte Leibniz mit seinen *Nouveaux essais*, der Briefwechsel mit Samuel Clarke war die entscheidende Debatte über die Philosophie von Newton.

Vieles an Leibnizschem Gedankengut wurde durch Dritte bekannt, wie in der Mathematik etwa durch die Gebrüder Bernoulli und durch L'Hôpi-

Christian Wolff. Stich von J. M. Bernigeroth

tal. Besonders deutlich wird dies in der Philosophie, wo sich zugleich auch die Gefahren dieser Art der Rezeption bzw. Wirkung sehr deutlich zeigen. Bereits die unmittelbar nach seinem Tod einsetzende erste Phase seiner Rezeption ist untrennbar mit dem Namen eines anderen Philosophen verbunden: mit dem von Christian Wolff.

Durch Wolff, der von 1704 bis 1716 eine umfangreiche Korrespondenz mit Leibniz unterhielt, und seine Schule drang Leibnizsches Gedankengut ins Bewußtsein einer breiten Öffentlichkeit. Doch schon diese erste Phase der Leibniz-Rezeption hatte fatale Folgen, nicht nur für Leibniz, sondern auch für Wolff. Keine zehn Jahre nach Leibniz' Tod war der Begriff von der Leibniz-Wolffschen Philosophie entstanden[147], dessen sich Wolff-Gegner und -Schüler gleichermaßen fleißig bedienten, wenn auch mit gänzlich unterschiedlichen Absichten. Faktum ist, daß die Rede von der Leibniz-Wolffschen Philosophie zweierlei unterstellt: Einerseits, daß Wolff nichts weiter als Epigone von Leibniz war, dessen weitverstreutes und disparates Gedankengut er in eine systematische Ordnung brachte und in ein strengeres terminologisches Gewand kleidete, und andererseits, daß das, was Wolff sagte, Leibniz' Gedanken seien. Beide Unterstellungen sind falsch – und beide haben dennoch, vor allem auch auf Grund der Tatsache, daß das Leibnizsche Œuvre erst spät und nur bruchstückhaft veröffentlicht wurde, in der Philosophiegeschichte nachhaltige Wirkung gezeigt.

Tatsächlich jedoch war Wolff trotz einer ganz ohne Zweifel in manchen Punkten bestehenden Anlehnung an Leibniz ein durchaus eigenständiger Denker von Rang, der sich auch und gerade in den elementaren Bereichen, wie z. B. Monadenlehre oder Theorie der prästabilierten Harmonie, grundlegend von Leibniz' Denken unterschied. Es bewahrte ihn nicht davor, mit Leibniz über einen Leisten geschlagen zu werden. Noch Kant, der nur sehr wenige Primärtexte von Leibniz kannte, setzte sich vor allem in der Zeit vor der «Kritik der reinen Vernunft» immer wieder mit der Leibniz-Wolffschen Philosophie auseinander, ohne klar zwischen Leibnizschen und Wolffschen Gedanken zu unterscheiden. Denker wie Crusius, die sich zumindest in einigen Themenbereichen, so z. B. in seiner fundamentalen Erörterung des Satzes vom Grund, bemühten, zwischen den beiden zu unterscheiden, sind selten. Doch die Geschichte sollte eine für Wolff noch üblere Wendung nehmen: Lessing etwa unterschied sehr deutlich zwischen Leibniz und Wolff – indem er die Philosophie von Leibniz weit über die «Eingeschränktheit und Geschmacklosigkeit des Schülers» Wolff stellte; mehr noch, «weil Wolf einige von Leibnitzens Ideen, manchmal ein wenig verkehrt, in ein System verwebt hat, das ganz gewiß nicht Leibnitzens System gewesen wäre: so muß der Meister ewig seines Schülers wegen Strafe leiden»[148].

Selbst in Hegels «Vorlesungen über die Geschichte der Philosophie» heißt es noch ganz lapidar: «Unmittelbar an Leibniz schließt sich nun die Wolffische Philosophie an; denn sie besteht eigentlich darin, daß sie ein Systematisieren der Leibnizischen ist, daher sie auch die Leibnizisch-Wolffische heißt.»[149] Äußerungen wie diese, die ja ein Beleg dafür sind, daß auch Hegel noch keine umfassende Textkenntnis von Leibniz und Wolff hatte, zeigen, daß die These, in Leibniz sei ein Vorläufer von Hegel zu sehen, nur unter Vorbehalten zu akzeptieren ist. Sie meint nicht, daß Hegel sich selbst in der Nachfolge von Leibniz sieht, sondern lediglich, daß bestimmte Aspekte des Leibnizschen Denkens auch im deutschen Idealismus und namentlich bei Hegel erneut zum Tragen kommen. In erster Linie nennen die Interpreten hier die «enzyklopädische Fülle» und die «dialektische Triebkraft»[150] des Leibnizschen Denkens, wobei allerdings – und dies ist ein weiterer Grund, der These von Leibniz' Vorläuferrolle für den deutschen Idealismus mit Vorsicht zu begegnen – unter Dialektik keineswegs der terminus technicus der idealistischen Philosophie, sondern vielmehr ein Streben nach Harmonie gemeint ist. Wo Leibniz «der aus der Fülle schöpfende, sich im ungeheuren lebendigen Reich-

Leibniz-Büste von Johann Gottfried Schmidt, um 1788

tum des Faktischen ausbreitende Denker des Barock» ist, ist Hegel der
strenge «Denker des Klassizismus, dem der Stoff sich in starre Schematik
ordnet»; Leibniz' Haltung des «Harmoniker[s] der vielstimmigen Chöre
der Wirklichkeit» entspricht bei Hegel die des «Architekten der absoluten Idee».[151] Rezeption heißt hier produktive Fort- und Weiterentwick-
lung Leibnizschen Gedankenguts, Aneignung einzelner Gedanken unter
dem Aspekt des eigenen systematischen Ansatzes.

Wolff scheint geahnt zu haben, was seiner Philosophie widerfahren sollte, denn in seiner Autobiographie schreibt er, daß zu der Zeit, als er seine deutschen Schriften verfaßte, «noch an keine philosophiam Leibnitianam gedacht» wurde. «Als aber», so fährt er fort, «wie ich die deutsche Metaphysick schrieb, Leibnitzens *Théodicée* heraus war, ingleichen seine Streitschrifften mit dem Clarcke, so habe nachdem in der ‹Ontologie› und ‹Cosmologie› und in der ‹Psychologia rationali› einige Begriffe von ihm angenommen und mit meinem Systemate vereiniget. Und dieses hat nach dem Anlaß gegeben, daß, da H. Bülffinger meine Metaphysick philosophiam Leibnitio-Wolfianam genannt, man überhaupt meine Philosophie Leibnitio-Wolfianam geheißen.»[152] Ganz so unschuldig, wie es hier den Anschein erwecken soll, ist Wolff selbst freilich auch nicht am Zustandekommen des Eindrucks einer Leibniz-Wolffschen Philosophie, denn er hat ungeachtet seiner eigenen Leistungen durchaus in manchen Punkten sehr massiv auf Leibniz zurückgegriffen, auch auf noch Unveröffentlichtes, das ihm jedoch bekannt war. Einem Neuling konnte es nicht schaden, sich in einigen seiner Gedanken im Einklang mit einem so großen Philosophen wie Leibniz zu wissen. Als er dann später selbst zu den Großen der Philosophie zählte, war dies einer der Punkte, die seine Gegner genüßlich aufgriffen, um ihn als einen Denker der zweiten Reihe darzustellen. Auch wenn Wolff sich gegen den Begriff der Leibniz-Wolffschen Philosophie vehement wehrte, hatte dieser Begriff in der Wolff-Schule nie einen eindeutig pejorativen Charakter. Der Glanz des Namens Leibniz war so groß, daß die eigene Schule anscheinend nicht die Notwendigkeit sah, Wolff davor zu bewahren.

Als schließlich in den sechziger Jahren des 18. Jahrhunderts die ersten umfangreicheren Ausgaben des philosophischen Œuvres von Leibniz erscheinen und damit der gelehrten Öffentlichkeit die Möglichkeit gegeben wird, selbst zu entscheiden, was Leibnizisch und was Wolffisch an der Leibniz-Wolffschen Schulphilosophie ist, ist nicht die Stunde der Philologen. Zu sehr hat es sich in den Köpfen schon verfestigt, Leibniz und Wolff in einen Topf zu werfen, und zudem drängen mit immer größerer Macht andere Philosophien und andere Philosophen in den Mittelpunkt des Interesses: zuerst ist hier die philosophische Aufklärung in Deutschland, dann die bald alles beherrschende Transzendentalphilosophie Kants zu nennen.

Ist Leibniz einer der Begründer der deutschen Aufklärung, ist er vielleicht sogar in dieser Hinsicht ebenbürtig neben Denker wie Christian Thomasius zu stellen? Leibniz war konsequenter Rationalist und ging als solcher zumindest grundsätzlich von der völligen rationalen Durchdringbarkeit der Welt insgesamt aus; außerdem war er Optimist, er glaubte an einen Fortschritt zu immer vollkommeneren Weltzuständen hin, eben weil sich kein Bereich der Welt der vernünftigen Durchdringung widersetzen konnte. Im Streben nach und Erreichen von immer vernünftigeren,

Bahlsen-Werbung, um 1900

immer rationaleren Zuständen bestand für ihn der Fortschritt, dessen die Menschheit – zumindest prinzipiell – fähig ist. Daß dieser Fortschritt mit Erkenntnisfortschritt Hand in Hand geht, wurde vor allem in seiner Ethik deutlich. Doch genügt dies, in ihm schon einen Aufklärer zu sehen? «Ihm geht es zwar um die Erfindung neuer Wahrheiten und deren Anwendung, nicht aber um Erneuerung im Sinne einer radikalen Reformation des gei-

129

stigen, religiösen oder moralischen Lebens. Er versucht zwar selber überall Neuerungen einzuführen, aber die faktisch verwirklichte Autonomie
der wissenschaftlichen Vernunft wird nicht etwa zu einem individuellen
oder gesellschaftlichen Freiheitsprogramm; ihm geht es vor allem um wissenschaftliche und technische Fortschritte zum Wohle der Allgemeinheit,
nicht um Emanzipation. Leibniz beruft sich sogar ausdrücklich auf die in
der Tradition enthaltenen Wahrheiten. Er spricht zwar auch mit kriti-
schem Akzent von Vorurteilen und Aberglauben, aber nicht diese Hindernisse der Wahrheit interessieren ihn, sondern nur die Mittel, d. h. Methoden, die ewigen Wahrheiten zu finden. Vernunft ist für ihn bekanntlich
mehr die Ordnung der ewigen Wahrheiten als das menschliche, kritisch
aktivierbare Vernunftvermögen.»[153] Leibniz' Denken ist vor allem anderen von seinem Harmoniestreben gekennzeichnet. Es geht ihm gerade
darum, das Alte mit dem Neuen zu versöhnen, und nicht um den Bruch
mit dem Traditionellen; «seine Denkrichtung war eher konservativ als
kritisch, nicht auf Kampf gegen Mißstände, sondern auf Zusammenfassung des Vernünftigen gerichtet. Ihm ging es auch noch nicht um individuelle Emanzipation oder universelle Volksbildung, er erstrebte vor allem eine Reform der Wissenschaft, und zwar zum Ruhme Gottes wie zum
Nutzen der Menschheit»[154]. Thomasius und den anderen Aufklärern ging
es aber gerade um Emanzipation und Kritik, um Kampf gegen Mißstände
und Vorurteile, sie suchten den Bruch mit der traditionellen, der alten
Philosophie. Insofern kann Leibniz «nur sehr bedingt zur Aufklärung gerechnet werden»[155].

Dessen ungeachtet gibt es etliche Aufklärer, die sich immer wieder auf
Leibniz berufen. Einer von ihnen ist der bereits genannte Lessing, der
genau wie Leibniz der Wolfenbütteler Bibliothek vorstand. Ein Gedanke
von Leibniz, der für Lessing allergrößte Bedeutung gewinnen sollte, war
der, daß Religion nicht unbedingt Offenbarungsreligion meinen muß,
sondern als Vernunftreligion begriffen und damit letztendlich in den Rahmen einer umfassenden rationalistischen Philosophie eingeordnet werden kann. Auf dem Weg über Lessing gewinnt Leibniz' natürliche Theologie Einfluß auf das gesamte 18. Jahrhundert. Ein anderer Aufklärer,
der nachhaltig von Leibniz beeinflußt war, ist Johann Gottfried Herder.
Er macht vor allem die Monadologie und das sie fundierende Kontinuitätsprinzip für sein eigenes Denken fruchtbar.

Eines ist allen Leibniz-Rezipienten gemeinsam: es sind stets nur einzelne Aspekte und Gedanken des Leibnizschen Werkes, die aufgegriffen
werden, nie der «ganze» Leibniz. Leibniz hat nie schulenbildende Wirkung gehabt. Das hat, wie noch zu sehen sein wird, seine Gründe.

Seit der Mitte des 19. Jahrhunderts gibt es dann die großen Editionen,
die noch heute Standardausgaben sind. Der Blick richtet sich nun nicht
mehr nur auf den Philosophen; es ist kein Zufall, daß die erste dieser
Ausgaben die mathematischen Schriften betrifft. Gemeint ist die von

Leibniz'
Familienwappen

C. I. Gerhardt besorgte Ausgabe, die noch heute die umfangreichste abgeschlossene Ausgabe der mathematischen Texte und Briefwechsel von Leibniz darstellt.

Den Grundstein für die Leibniz-Renaissance, die es seit etlichen Jahren in ungeheurem Maße gibt, legten um die Jahrhundertwende Louis Couturat, Bertrand Russell und Ernst Cassirer mit ihren Leibniz-Büchern, die weit über den Metaphysiker Leibniz hinausgingen und vor allem großes Gewicht auf den Logiker legten.

Man tut gut daran, in diesem Jahrhundert zwischen einer philosophie-historischen und einer systematischen Auseinandersetzung mit dem Leibnizschen Gedankengut zu unterscheiden. Unter systematischem Aspekt hat Edmund Husserl vor allem den Monadenbegriff für seine Egologie herangezogen. Richard Hönigswald baut auf eben diesem Begriff seine Theorie des Erlebens auf, von Hönigswald kommend greift Wolfgang Cramer in seiner Theorie der Subjektivität auf die Leibnizsche Monadenkonzeption zurück. Alfred North Whiteheads Kosmologie kann als Monadologie gelesen werden. Unisono aber wird die Theorie der prästabi-

131

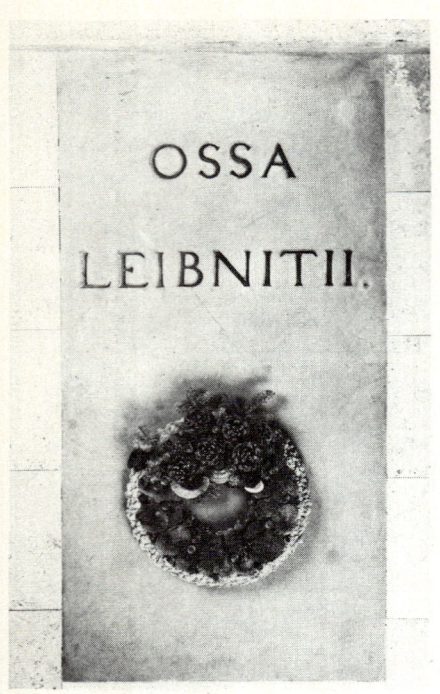

Grabplatte in der
Neustädter Kirche

lierten Harmonie abgelehnt. Martin Heidegger greift in seiner Ontologie auf den Leibnizschen Satz vom Grund zurück. Die Theorien der möglichen Welten beziehen sich ebenso wie moderne Begriffs- und Urteilstheorien gern auf Leibniz, auch modallogische Ansätze und besonders der logische Atomismus sind mit Leibniz in Verbindung zu bringen. Doch stets ist es ähnlich wie mit der Rechenmaschine, dem Dualsystem und dem Computer: Zweifellos steht Leibniz am Anfang des Weges, der schließlich beim elektronischen Rechner endet, aber dennoch scheut man sich aus gutem Grund, Leibniz den Erfinder des Computers zu nennen.

Als Vorläufer des Historismus kann er nur in einem weiteren geistesgeschichtlichen Zusammenhang genannt werden, da sein historisches Hauptwerk unvollendet blieb und der Torso erst in der Mitte des 19. Jahrhunderts gedruckt vorlag, als die Geschichtswissenschaft bereits weiter fortgeschritten war. Während er in der Germanistik weitgehend vergessen ist, blieb sein Vorbild als Wissenschaftsorganisator stets lebendig.

Leibniz, der nie im akademischen Betrieb tätig war und schon deshalb kaum die Gelegenheit hatte, (s)eine Schule zu gründen, hat unglaublich viel geschrieben, aber es gibt kein Hauptwerk, das seine Gedanken – und seien es auch nur die zu einem Fachgebiet – in systematischer Form zusammenfaßt. Im Gegenteil, man muß den Kern seiner Gedanken oft mühsam aus einer Vielzahl von Briefen, Schriften, Zeitschriftenartikeln und verworfenen Konzepten rekonstruieren. «Hinzu kommt, daß er sich oft in der Argumentation und in der Sprache der jeweiligen Situation und dem jeweiligen Partner anpaßt.»[156] Er selbst brachte seine Gedanken nicht in eine solche Einheit, die es dem Rezipienten leichtmachen würde, ihm zu folgen; die Einheit, sofern sie zu erreichen ist, ist schon eine Leistung des Rezipienten. Dazu bedarf es jedoch nicht nur einer gründlichen, sondern auch einer umfassenden Kenntnis der Texte – was allein schon auf Grund technischer Probleme nicht einfach ist. *Wer mich nur aus meinen veröffentlichten Schriften kennt, der kennt mich nicht*[157], schreibt Leibniz 1696 an Vincentius Placcius. Bis der gesamte Nachlaß erschlossen ist, werden noch, das kann man mit Sicherheit sagen, etliche Jahrzehnte vergehen. Aber auch dann wird es kaum einem einzelnen möglich sein, das zu erfassen und zu durchdringen, was Leibniz' Werk verkörpert: die Universalität des Wissens seiner Zeit.

Anmerkungen

Folgende Abkürzungen werden verwendet: AA – G. W. Leibniz. Sämtliche Schriften und Briefe (Akademie-Ausgabe) (vgl. Bibliographie); Chron. – K. Müller u. G. Krönert: Leben und Werk von G. W. Leibniz. Eine Chronik. Frankfurt a. M. 1969; Cout. – Opuscules et Fragments inédits de Leibniz. Hg. v. L. Couturat (vgl. Bibliographie); DM – Discours de métaphysique; Dutens – Opera omnia (vgl. Bibliographie); GM – G. W. Leibniz, Mathematische Schriften. Hg. v. C. I. Gerhardt (vgl. Bibliographie); GP – Die philosophischen Schriften von G. W. Leibniz. Hg. v. C. I. Gerhardt (vgl. Bibliographie); Harnack – Geschichte der Königlich Preussischen Akademie der Wissenschaften zu Berlin. 3 Bde. Berlin 1900; Klopp – Die Werke von Leibniz. Hg. v. O. Klopp (vgl. Bibliographie); Monad. – Monadologie; NE – Nouveaux essais; Pertz – Leibnizens gesammelte Werke. Hg. v. G. H. Pertz (vgl. Bibliographie); PNG – Principes de la nature et de la grace; Spec. dyn. – Specimen dynamicum; Théod. – Essais de Théodicée

1 G. E. Guhrauer: G. W. Frhr. v. Leibnitz. Bd. 1. Breslau 1842, Anm. S. 3.
2 Chron., S. 4.
3 Ebd.
4 Pertz I, 4, S. 169.
5 Chron., S. 208.
6 Pertz I, 4, S. 169.
7 Chron., S. 11.
8 Leibniz an Habbeus, 5. Mai 1673 (AA I, 1, S. 416).
9 Leibniz an Habbeus, 14. Februar 1676 (AA I, 1, S. 445).
10 Chron., S. 1f.
11 Leibniz an Conring, Juni 1678 (AA II, 1, S. 420).
12 AA I, 3, S. 413.
13 4. Januar 1707 (Klopp 9, S. 265).
14 AA I, 5, S. 270.
15 11. Januar 1684 (AA I, 4, S. 321).
16 Leibniz für Ernst August, Herbst 1690 (AA I, 5, S. 666).
17 Pertz I, 4, S. 183.
18 Chron., S. 138.
19 Ebd., S. 134.
20 13. Januar 1699 (Ebd., S. 157).
21 Leibniz an Jablonski, 26. März 1700 (Harnack II, S. 72).
22 Harnack I, S. 78.
23 Leibniz an Krebs, 27. Juni 1702 (Chron., S. 179).
24 Ebd., S. 182.
25 Klopp 8, S. XXXI.
26 20. September 1704 (Klopp 9, S. 101 f).
27 Georg Ludwig an Sophie, 27. Oktober 1703 (Chron., S. 186).
28 10. Juli 1705 (Ebd., S. 195).
29 Pro Memoria, März 1711 (Harnack II, S. 214).
30 C. Haase: Leibniz als Politiker und Diplomat. In: W. Totok u. C. Haase (Hg.): Leibniz. Hannover 1966, S. 201.
31 5. November 1712 (Chron., S. 232).
32 Ebd., S. 258.
33 Der Gesandte Huldenberg gegenüber Kaiserin Amalia, Februar 1713 (Ebd., S. 237).

34 Leibniz an Michelotti, 17. September 1715 (Ebd., S. 253).
35 Zitiert nach: E. Hochstetter: Zu Leibniz' Gedächtnis. Eine Einleitung. In: ders. (Hg.), Leibniz. Zu seinem 300. Geburtstage 1646–1946. Berlin 1946–52. 3. Lieferung, Berlin 1948, S. 19.
36 Zitiert nach: Studia leibnitiana I (1969), S. 128.
37 Leibniz an Remond, 26. August 1714 (GP III, S. 624 f).
38 GP VI, S. 548.
39 DM, Sommaire § 7 (GP II, S. 12).
40 NE I, I § 4 (GP V, S. 68).
41 Leibniz' 2. Schreiben an Clarke (GP VII, S. 355).
42 Cout., S. 11.
43 Monad. § 33 (GP VI, S. 612).
44 Geschichte der Philosophie. Hg. v. Wolfgang Röd, Bd. VIII (Die Philosophie der Neuzeit 2). München 1984, S. 85.
45 GP VII, S. 191.
46 Spec. dyn. (GM VI, S. 243).
47 NE IV, III § 6 (GP V, S. 359).
48 Opera philosophica. Hg. v. J. E. Erdmann (vgl. Bibliographie), Sp. 745.
49 Monad. § 1 (GP VI, S. 607).
50 Leibniz' 5. Schreiben an Clarke, § 24 (GP VII, S. 394).
51 PNG § 2 (GP VI, S. 598).
52 GP VII, S. 312.
53 Monad. § 7 (GP VI, S. 607).
54 Ebd. § 22 (GP VI, S. 610).
55 GP VII, S. 307.
56 H. Poser: Gottfried Wilhelm Leibniz. In: Klassiker der Philosophie. Bd. 1. Hg. v. O. Höffe. München 1981, S. 378–404, S. 396.
57 NE I, III § 18 (GP V, S. 96).
58 Leibniz an Arnauld, 14. Januar 1688 (GP II, S. 133).
59 Monad. § 72 (GP VI, S. 619).
60 PNG § 3 (GP VI, S. 599).
61 Leibniz an de Volder, 21. Januar 1704 (GP II, S. 262).
62 Vgl. A. Gurwitsch: Leibniz. Philosophie des Panlogismus. Berlin u. New York 1974, S. 119.
63 Vom 31. Oktober 1705 (GP VII, S. 564).
64 H.-J. Engfer: Kausalität und Teleologie bei Leibniz und Wolff, Die Umkehr der Begründungspflicht. In: Leibniz. Werk und Wirkung (= Akten des IV. Internationalen Leibniz-Kongresses). Hg. v. der Gottfried-Wilhelm-Leibniz-Gesellschaft Hannover. Hannover 1983, S. 172–179, S. 173.
65 21. Februar 1705. Briefwechsel zwischen Leibniz und Christian Wolff. Hg. v. C. I. Gerhardt (vgl. Bibliographie), S. 20.
66 Leibniz an Arnauld, Oktober 1687 (GP II, S. 112).
67 Ebd.
68 Théod., Preface (GP VI, S. 29).
69 Ebd., § 290 (GP VI, S. 289).
70 Cout., S. 14.
71 GP VII, S. 109.
72 Confessio philosophi. Hg. v. O. Saame (vgl. Bibliographie), S. 83.
73 Théod., § 21 (GP VI, S. 115).
74 GP III, S. 32.
75 GP IV, S. 422.
76 Ebd., S. 423.
77 Dieses Beispiel verwendet Leibniz selbst ebd.
78 GP VII, S. 204.
79 GP VII, S. 293.
80 GP VII, S. 264.
81 NE, Preface, I § 25 (GP V, S. 72).
82 Ebd., § 26 (GP V, S. 79). Der bei Gerhardt abgedruckte Text ist fehlerhaft; korrekterweise müßte man an S. 72, Z. 16 v. u. «...qu'il y ait» S. 79, Z. 12 v. u. «des pensées innées...» anschließen. Obgleich dies schon kurz nach Erscheinen des Bandes bekannt war, hält auch der Nachdruck beharrlich an dem falschen Text fest.
83 Cout., S. 10.

84 NE II, I § 2 (GP V, S. 100).
85 A. Heinekamp: Gottfried Wilhelm Leibniz. In: Klassiker des philosophichen Denkens. Bd. 1. Hg. v. N. Hoerster. München 1982, S. 274–320, S. 314.
86 GP IV, S. 292.
87 Leibniz an Ernst August, 1685–1687 (?) (AA I, 4, S. 315).
88 GP VII, S. 191.
89 Leibniz an H. v. Eyben, 5. April 1691 (AA I, 6, S. 442).
90 Klopp 6, S. 217.
91 NE III, VII § 6 (GP V, S. 313).
92 Leibniz an Burnett of Kemney, 12. Februar 1700 (GP III, S. 270).
93 Leibniz für Ernst August, 11. Juli 1692. In: Zeitschrift des Historischen Vereins für Niedersachsen, 1885, S. 20.
94 Ebd., S. 27.
95 Ebd., S. 19. Zitiert nach der Übersetzung in G. Scheel: Leibniz als Historiker. In: W. Totok u. C. Haase (Hg.), Leibniz. Hannover 1966, S. 251.
96 W. Conze: Leibniz als Historiker. In: Leibniz zu seinem 300. Geburtstag 1646–1946. Hg. v. E. Hochstetter, Lieferung 6. Berlin 1951, S. 14.
97 Vgl. Dutens IV, 2, S. 53.
98 Leibniz an H. v. Eyben, 5. April 1691 (AA I, 6, S. 442).
99 Vgl. G. Scheel: Leibniz und die geschichtliche Landeskunde Niedersachsens. In: Niedersächsisches Jahrbuch für Landesgeschichte 38 (1966), S. 65 u. 72.
100 NE IV, XVI § 11 (GP V, S. 452).
101 Vgl. Conze: Leibniz als Historiker, S. 5.
102 NE, Préface (GP V, S. 48).
103 Le portrait du prince, ca. 1679 (Klopp 4, S. 476).
104 Leibniz für Ernst August, 11. Juli 1692. In: Zeitschrift des Historischen Vereins für Niedersachsen, 1885, S. 20.
105 Leibniz für Ernst August, Sommer/Herbst 1696 (AA I, 13, S. 79).
106 G. Barudio: Das Zeitalter des Absolutismus und der Aufklärung 1648–1779. Frankfurt 1981, S. 207.
107 Spec. dyn. § 1 (GM VI, S. 235).
108 GP III, S. 606.
109 Ebd.
110 DM § 17 (GP IV, S. 442).
111 Ebd.
112 Ebd. § 18 (GP IV, S. 444).
113 Ebd. § 17 (GP IV, S. 442f); zitiert nach der deutschen Ausgabe von H. Herring, Hamburg 1958.
114 GM VI, S. 122.
115 DM Sommaire § 18 (GP II, S. 13).
116 Leibniz an Bayle, ohne Datum (GP III, S. 45).
117 Buch der Weisheit XI, 21.
118 M. Planck: Ansprache am Leibniztag, d. 29. Juni 1922; zitiert nach: K.-R. Biermann: Ein Beitrag zur Geschichte des Prinzips der kleinsten Wirkung – in memoriam G. W. Leibniz, Jakob Bernoulli und M. Planck –. In: Festschrift der deutschen Akademie der Wissenschaften 1946–1956. Berlin 1956, S. 148–152, S. 149.
119 DM § 6 GP IV, S. 431.
120 Spec. dyn. § 14 (GM VI, S. 243).
121 Ebd.
122 27. Dezember 1694 (GM II, S. 258).
123 Théod., § 242 (GP VI, S. 261f).
124 AA I, 13, S. 117.
125 Ebd., S. 118.
126 H. J. Zacher: Die Hauptschriften zur Dyadik von G. W. Leibniz. Frankfurt a. M. 1973, S. 285.
127 Leibniz. Philosophie des Panlogismus. Berlin u. New York 1974, S. 304.
128 Leibniz an Fardella. März 1690 (Nouvelles lettres et opuscules. Hg. v. A. Foucher de Careil [vgl. Bibliographie], S. 318).
129 Leibnitz's Deutsche Schriften. Hg.

v. Guhrauer (vgl. Bibliographie), Bd. 2. Berlin 1838, S. 48f.

130 GP VII, S. 172.

131 Leibniz an G. Wagner, 1696 (GP VII, S. 525).

132 GP VII, S. 172.

133 AA IV, 1, S. 536.

134 AA I, 2, S. 200f.

135 Leibniz an O. A. v. Ditfurdt, 11. Dezember 1684 (AA I, 4, S. 140).

136 Leibniz für Ernst August, März (?) 1684 (AA I, 4, S. 42).

137 Leibnizens nachgelassene Schriften physikalischen... Inhalts, hg. v. Gerland (vgl. Bibliographie), S. 244.

138 Leibniz an Jablonski am 26. März 1700 (Harnack II, S. 72f).

139 Denkschrift zur Akademiegründung, 24.–26. März 1700. (Ebd., S. 76).

140 AA IV, 1, S. 530f.

141 Ebd., S. 535f.

142 Ebd., S. 533.

143 Zitat nach W. Guerrier: Leibniz in seinen Beziehungen zu Rußland und Peter dem Großen. St. Petersburg und Leipzig 1873, II, S. 207.

144 Leibniz an Th. Burnett of Kemney, 12. Februar 1700 (GP III, S. 262).

145 Leibniz für Johann Friedrich (AA I, 2, S. 74f).

146 Vgl. dazu den Band Beiträge zur Wirkungs- und Rezeptionsgeschichte von G. W. Leibniz. Hg. v. A. Heinekamp. Stuttgart 1986 (Studia leibnitiana. Suppl. 26).

147 Vgl. bes. S. Carboncini: Christian August Crusius und die Leibniz-Wolffsche Philosophie. In: Beiträge zur Wirkungs- und Rezeptionsgeschichte (vgl. Anm. 146),

S. 110–125, und W. Arnsperger: Christian Wolffs Verhältnis zu Leibniz, Weimar 1897.

148 Gotthold Ephraim Lessing: Sämtliche Werke. Hg. v. K. Lachmann und F. Muncker. Bd. 16. Leipzig 1802, 3., durchgesehene u. vermehr Aufl. ebd. 1902, S. 300.

149 3. Teil, 2. Abschnitt, 3. Abteilung, 2 (= Theorie Werkausgabe. Hg. v. E. Moldenhauer und K. M. Michel. Bd. 20. Frankfurt/Main 1971, S. 256).

150 H. H. Holz: Leibniz. Stuttgart 1958, S. 133

151 Ebd.

152 Christian Wolffs eigene Lebensbeschreibung. Hg. mit einer Abhandlung über Wolff von H. Wuttke. Leipzig 1841 (Nachdruck Hildesheim 1980), S. 140ff.

153 W. Schneiders: Leibniz–Thomasius–Wolff. Die Anfänge der Aufklärung in Deutschland. In: Akten des II. Internationalen Leibniz-Kongresses Hannover, 17.–22. Juli 1972, Bd. 1, S. 105–121, S. 109.

154 Ders.: Aufklärung durch Geschichte. Zwischen Geschichtstheologie und Geschichtsphilosophie: Leibniz, Thomasius, Wolff. In: Leibniz als Geschichtsforscher. Hg. v. A. Heinekamp Wiesbaden 1982 (Sudia leibnitiana. Sonderheft 10), S. 79–99, S. 82.

155 Ebd.

156 A. Heinekamp: Einleitung. In: Beiträge... (vgl. Anm. 146), S. XVIII.

157 21. Februar 1696 (Dutens VI. 1, S. 65).

Zeittafel

1646	1. Juli (21. Juni alten Stils): Gottfried Wilhelm Leibniz in Leipzig geboren. Eltern: Friedrich Leibniz (1597–1652), Aktuar und Professor der Moral an der Universität Leipzig, und Catharina, geb. Schmuck (1621–64).
1661–66	Studium in Leipzig, u. a. bei Jakob Thomasius, und Jena, u. a. bei Erhard Weigel.
1666	November: Promotion zum Doktor beider Rechte an der Universität Altdorf.
1667	Herbst: Abreise aus Nürnberg über Frankfurt a. M. nach Mainz. In Frankfurt erscheint die *Nova Methodus Discendae Docendaeque Jurisprudentiae*. Bekanntschaft mit Johann Christian von Boineburg.
1670	Juni/Juli: Johann Philipp von Schönborn, Kurfürst von Mainz, ernennt Leibniz zum Revisionsrat am Oberappellationsgericht in Mainz.
1671/72	Leibniz entwirft sein *Consilium Aegyptiacum*, einen Plan, Frankreichs Expansionsdrang von Holland abzuwenden und auf Ägypten zu richten.
1672–76	Aufenthalt in Paris. Begegnungen mit dem Mathematiker Christiaan Huygens, dem Philosophen Antoine Arnauld u. a., Entdeckung der Infinitesimalrechnung.
1672/73	Bau eines ersten Modells der Rechenmaschine.
1673	Januar/Februar: Reise nach England. Am 19. April wird Leibniz in die Royal Society aufgenommen.
1676	Oktober: Abreise aus Paris. Über London, Amsterdam und Den Haag (Treffen mit Spinoza) reist Leibniz an seinen neuen Dienstort Hannover, wo er als Bibliothekar in die Dienste des Herzogs Johann Friedrich von Braunschweig-Lüneburg tritt.
1678	Ernennung zum herzoglichen Hofrat.
1678–86	Beschäftigung mit den Harzer Bergwerken. Pläne zur Grubenentwässerung durch Windkraft und zu anderen technischen Innovationen.
1679–1702	Briefwechsel (mit Unterbrechungen) mit J. B. Bossuet über die Reunion der christlichen Kirchen.
1684	Oktober: In den Acta eruditorum erscheint Leibniz' *Nova Methodus pro maximis et minimis*, seine erste Veröffentlichung zur Infinitesimalrechnung.
1685	Auftrag zur Abfassung der Geschichte des Welfenhauses.
1686/87	Philosophische Korrespondenz mit Antoine Arnauld. *Discours de métaphysique*.

1687–90	Reise zu historischen Studien zum Ursprung des Welfenhauses über Frankfurt, Würzburg, München, Wien, Venedig, Ferrara, Rom, Neapel, Florenz, Bologna, Modena, Wien, Prag, Dresden. Rückkehr 1690 nach Hannover.
1691	Januar: Ernennung zum Leiter der Wolfenbütteler Bibliothek.
1693	*Codex juris gentium diplomaticus* (vorwiegend bis dato nicht gedruckte Urkunden des 12.–15. Jh.).
1696	Juli: Ernennung zum braunschweig-lüneburgischen Geheimen Justizrat.
1697	April: Erstausgabe der *Novissima Sinica*. (2. Aufl. 1699).
1698–1706	Gespräche und Korrespondenz mit dem Berliner Hofprediger D. E. Jablonski über die Union der protestantischen Kirchen.
1700	13. März: Leibniz wird auswärtiges Mitglied der Académie des Sciences in Paris.
	11. Juli: Der brandenburgische Kurfürst Friedrich III. unterzeichnet die von Leibniz entworfene Stiftungsurkunde der Sozietät der Wissenschaften. Leibniz wird am 12. Juli zu deren Präsidenten ernannt. Am 15. Juli wird er brandenburgischer Geheimer Justizrat.
	November–Dezember: Reise nach Wien zu Reunionsgesprächen.
1702	Sommer: Philosophische Gespräche in Lützenburg (Charlottenburg). Erste Aufzeichnungen zur *Théodicée*.
1704	Januar und Dezember: Verhandlungen in Dresden über die Gründung einer sächsischen Akademie der Wissenschaften.
1705	Sommer: Abschluß des Manuskripts der *Nouveaux essais sur l'entendement humain*.
1706–16	Briefwechsel mit Des Bosses.
1707	Mai–Juni: Reise nach Altranstädt (wo sich Karl XII. von Schweden, August der Starke und der König von Polen aufhalten), Halle und Wolfenbüttel.
1710	*Essais de Théodicée* in Amsterdam erschienen.
1711	Februar–Mai: Leibniz' letzter Aufenthalt in Berlin.
	Oktober: Erste Begegnung mit Zar Peter in Torgau.
1712	November: Zweites Treffen mit Peter I. Er ernennt Leibniz zum russischen Geheimen Justizrat.
1712–14	Aufenthalt in Wien. Häufige Treffen mit dem Prinzen Eugen. Ernennung zum Reichshofrat. Vorschläge zur Errichtung einer Sozietät der Wissenschaften in Wien. Abfassung der *Monadologie* und der *Principes de la nature et de la grâce fondés en raison*.
1716	14. November: Leibniz stirbt nach kurzem Krankenlager in Hannover.

Zeugnisse

Friedrich II.
Leibniz, der, wenn ich mich so ausdrücken darf, mehr als eine Seele hatte, war
wahrhaftig würdig, einer Akademie, die er auch allein hätte repräsentieren können, vorzustehen.

Mém. de l'Acad. royale. 1748

Denis Diderot
Dieser Mann hat allein Deutschland soviel Ruhm gebracht, wie Platon, Aristoteles
und Archimedes zusammmen Griechenland.

Encyclopédie. 1765

Johann Georg von Eckhart
Er bekannte sich zur Evangelischen Religion: ging aber wenig, oder gar nicht in die
Kirche, und communicirte sehr selten... Die gemeinen Leute hießen ihn daher
insgemein auf Platdeutsch Lövenix, welches ‹glaubet nichts› heiset.

Lebensbeschreibung des Freyherrn von Leibnitz. 1779

Arthur Schopenhauer
Leibniz hat zuerst den Satz vom Grund als einen Hauptgrundsatz aller Erkenntniß
und Wissenschaft förmlich aufgestellt. Er proklamiert ihn an vielen Stellen seiner
Werke sehr pomphaft, thut gar wichtig damit, und stellt sich, als ob er ihn erst
erfunden hätte; jedoch weiß er von demselben nichts weiter zu sagen, als nur immer, daß Alles und Jedes einen zureichenden Grund haben müsse, warum es so
und nicht anders sei; was die Welt denn doch wohl auch vor ihm gewußt haben
wird.

Über die vierfache Wurzel des Satzes vom Grunde. 1813

Georg Wilhelm Friedrich Hegel
Leibniz hatte den langweiligen Gedanken, daß Gott unter den unendlich möglichen Welten die beste ausgewählt habe, – Optimismus. Das ist ein schlechter,
populärer Ausdruck, so ein Geschwätz von Möglichkeit der Vorstellung oder Ein-
bildung; Voltaire hat ihn lustig persifliert.

Vorlesungen über die Geschichte der Philosophie. 1836

Ludwig Feuerbach
Der bedeutungsvolle Mann, der sich zuerst in Deutschland zu einer selbständigen
und selbsttätigen, produktiven Philosophie erhob, ist Gottfried Wilhelm Leibniz

... ein Universalgenie ohnegleichen, der personifizierte Wissenstrieb, der literarische Mittelpunkt seines Zeitalters, schon als Jüngling, ja, als Knabe fast ein Gelehrter und Philosoph.

Geschichte der neueren Philosophie. 1837

Max Planck
Was beim näheren Studium der Persönlichkeit von Gottfried Wilhelm Leibniz immer wieder in die Augen fällt und was ihn hoch über alle Zeitgenossen erhebt, ist die Vereinigung der Gabe, sich in die höchsten und feinsten Probleme irgendeines speziellen Wissengebietes zu vertiefen und es durch tiefgreifende neue Ideen so zu bereichern, wie es nur ein Fachgelehrter ersten Ranges zu tun vermag, mit der entgegengesetzten Fähigkeit, die wirksamen Zusammenhänge zwischen den Einzelwissenschaften in ihren großen Zügen zu erkennen, und mit dem unablässigen Drang, die Synthese der Wissenschaft nach innen und nach außen auf jede ihm möglich erscheinende Weise und mit Anwendung aller ihm zur Verfügung stehenden geistigen und materiellen Mittel in die Tat umzusetzen.

Akademie-Ansprache vom 1. Juli 1926

Alfred North Whitehead
Leibniz' Theorie von der ‹besten aller Welten› ist ein dreister Schwindel, erdacht, um das Gesicht eines Schöpfers zu wahren, den zeitgenössische und vorausgegangene Theologen konstruiert hatten.

Prozeß und Realität. 1929

José Ortega y Gasset
So ergibt sich, daß der berühmte Leibnizsche Optimismus vielmehr der immerwährende Optimismus der Philosophie ist, und man kann nur schwer verstehen, warum die Leibnizsche Auffassung eine solche Überraschung auslöste und soviel Grund zum Reden und Belachen gab, was wir Voltaire zu verdanken haben, der, wenn er sich gründlicher im Gebäude seiner eigenen Ideen ausgekannt hätte, ihre Übereinstimmung mit dem gesehen hätte, was ihm lächerlich schien, wenn es Leibniz sagte.

Der Prinzipienbegriff bei Leibniz. 1958

Ludwig Marcuse
Zu seiner Zeit war er [Leibniz] ein aufgeklärter Christ. Das ist, nach den Vorstellungen derer, welche diese Wendung geschaffen haben, ein Mann, der auf dem Wege ist, Gott-Vater und die Heils-Wahrheiten umzuwandeln in Wahrheiten der Vernunft. Der Weg endet bei Lessing, Kant und Fichte, nachdem er mit Spinoza begonnen hatte. Gott und Vernunft wurden identisch. Man bezichtigte oft diese aufgeklärten Christen des Atheismus, obwohl ihre Vernunft christlich war.

Aus den Papieren eines bejahrten Philosophie-Studenten. 1964

Hans Magnus Enzensberger
Was er einer ratlosen Welt hinterläßt, ist ein Heuschober voller Annalen, Gutachten, Aide-mémoires, Katalogen, Miszellaneen; ein Wirrwarr von Abstracts und Abstracts von Abstracts und Abstracts von Abstracts von Abstracts...

Mausoleum. 1975

Bibliographie

1. Bibliographien

RAVIER, EMILE: Bibliographie des œuvres de Leibniz. Paris 1937. – Nachdr. Hildesheim 1966 – Berichtigungen u. Ergänzungen zur Ausgabe 1937: SCHRECKER, PAUL: Une bibliographie de Leibniz. In: Revue philos. de la France et de l'étranger 63, T. 126 (1938), S. 324–346
MÜLLER, KURT: Leibniz-Bibliographie. Die Literatur über Leibniz. Frankfurt a. M. 1967. – 2. erw. u. überarbeitete Aufl. hg. v. ALBERT HEINEKAMP. Ebd. 1984 (Veröffentlichungen des Leibniz-Archivs. 10). Jährliche Nachträge in der Zeitschrift «Studia leibnitiana»

2. Werke

a) Umfangreiche originalsprachliche Ausgaben,
   Gesamtausgaben

Viri Illustriss. Godefridi Guil. Leibnitii Epistolae ad diversos, Theologici, Iuridici, Medici, Philosophici, Mathematici, Historici et Philologici Argumenti e Msc. Autoris cum annotationibus suis primum divulgavit. Hg. v. CHRISTIAN KORTHOLT. 4 Bde. Leipzig (Breitkopf) 1734–1742
Ausführlicher Entwurf einer vollständigen Historie der Leibnitzischen Philosophie. Hg. v. CARL GUNTHER LUDOVICI. 2 Bde. Leipzig (Löwe) 1737
Commercii epistolici Leibnitiani... tomus prodomus. Hg. v. J. DAN. GRUBER. 2 Bde. Hannover u. Göttingen (Schmid) 1745
Œuvres philosophiques latines et françaises de feu Mr. de Leibnitz. Hg. v. RUD. E. RASPE. Amsterdam u. Leipzig (Schreuder) 1765
(Fratres de Tournes) Opera omnia. Hg. v. LOUIS DUTENS. 6 Bde. Genf 1768. – Nachdr. Hildesheim (Olms) 1989
Leibnitz's Deutsche Schriften. Hg. v. G. E. GUHRAUER. 2 Bde. Berlin (Veit) 1838
Opera philosophica. Hg. v. J. E. ERDMANN. 2 Bde. Berlin (Eichler) 1839–1840. – Nachdr. Aalen (Scientia) 1959 u. ebd. 1974
Leibnitzens gesammelte Werke aus den Handschriften der Königlichen Bibliothek zu Hannover. Hg. v. GEORG PERTZ. 1. Folge: Geschichte. 4 Bde. Hannover (Hahnsche Hof-Buchhandlung) 1842–47; 2. Folge: Philosophie. Bd. 1 hg. v. C. L. GROTEFEND. Ebd. 1846; 3. Folge: Mathematik (vgl. den folgenden Eintrag)

Mathematische Schriften. Hg. v. Carl Immanuel Gerhardt. 7 Bde. Berlin, London, später Halle (Asher u. Co., Natt, später Schmidt) 1849–1863 (ursprüngl. erschienen als Bde. 1–7 der 3. Folge von Leibnizens Gesammelten Werke. Hg. v. G. H. Pertz). – Nachdr. Hildesheim (Olms) 1962 u. ö.

Nouvelles lettres et opuscules inédits de Leibniz. Hg. v. A. Foucher de Careil. Paris (Durand) 1857. – Nachdr. Hildesheim (Olms) 1971 u. ö.

Briefwechsel zwischen Leibniz und Christian Wolff. Hg. v. Carl Immanuel Gerhardt. Halle (Schmidt) 1860 (Leibnizens Gesammelte Werke. Hg. v. G. H. Pertz. 3. Folge Mathematik. Suppl. Bd.). – Nachdruck Hildesheim (Olms) 1971

Œuvres de Leibniz. Hg. v. A. Foucher de Careil. 7 Bde. Paris (Firmin) 1859–1875. 2. Aufl. der Bde. 1–2 ebd. 1867–1869. – Nachdr. Hildesheim (Olms) 1969

Die Werke von Leibniz. Hg. v. Onno Klopp. 11 Bde. Hannover (Klindworth) 1864–1884

Die philosophischen Schriften von Gottfried Wilhelm Leibniz. Hg. v. Carl Immanuel Gerhardt. 7 Bde. Berlin (Weidmann) 1875–1890. – Nachdr. Hildesheim (Olms) 1961–1962 u. ö.

Rechtsphilosophisches aus Leibnizens ungedruckten Schriften. Hg. v. Georg Mollat. Leipzig (Robolsky) 1885

Mittheilungen aus Leibnizens ungedruckten Schriften. Hg. v. Georg Mollat. Leipzig (Haessel) 1893

Opuscules et fragments inédits. Hg. v. Louis Couturat. Paris (Alcan) 1903. – Nachdr. Hildesheim (Olms) 1961 u. ö.

Leibnizens nachgelassene Schriften physikalischen, mechanischen und technischen Inhalts. Hg. v. Ernst Gerland. Leipzig (Teubner) 1906 (Bibliotheca mathematica. F. 3. Bd. 1, H. 21)

Gottfried Wilhelm Leibniz. Sämtliche Schriften und Briefe. Hg. v. der Preußischen (später: Deutschen) Akademie der Wissenschaften zu Berlin, Darmstadt, später: Leipzig, zuletzt: Berlin (Reichl. später Koehler u. Amelang, zuletzt Akademie-Verlag) 1923ff.
  Die Akademie-Ausgabe publiziert den gesamten Nachlaß in chronologischer Reihenfolge. 7 Reihen untergliedern das Material:
  Reihe I: Allg. pol. u. hist. Briefwechsel – es liegen die Bde. 1–13 vor (sie umfassen die Korrespondenz bis April 1697)
  Reihe II: Philos. Briefwechsel – 1 Bd. liegt vor (bis Ende 1679)
  Reihe III: Mathem. Briefwechsel – es liegen die Bde. 1–2 vor (bis Ende 1689)
  Reihe IV: Pol. Schriften – es liegen die Bände 1–3 vor (bis 1689)
  Reihe V: noch nicht begonnen
  Reihe VI: Philos. Schriften – es liegen die Bände 1–3 (bis 1676) sowie Bd. 6 (Nouveaux Essais) vor
  Reihe VII: Mathematische Schriften – Bd. 1 ist im Druck
  G. W. Leibniz. Textes inédits. Hg. v. Gaston Grua, 2 Bde. Paris (Presses universitaires) 1948. – Nachdr. New York u. London 1985

b) Wichtige Einzelwerke

Im Gegensatz zu den meisten anderen wissenschaftlichen Autoren hat Leibniz zu seinen Lebzeiten nur einen sehr geringen Teil seiner Schriften drucken lassen. Aufgrund des «Heuschobers» voller Manuskripte, den er der Nachwelt hinterließ

(H. M. Enzensberger), wurden viele seiner Werke, auch sehr bedeutende wie z. B. die «Nouveaux Essais», im Rahmen von umfangreicheren Werkausgaben erstmals publiziert, etliches ist noch immer unpubliziert. Insofern ist in diesem Punkt der Bibliographie keine Vollständigkeit erreichbar.

Disputatio metaphysica de principio individui. Leipzig (Colerus) 1663
Dissertatio de arte combinatoria. Leipzig (Fick u. Seubold) 1666
Nova methodus discendae docendaeque jurisprudentiae. Frankfurt (Zunner) 1667
Specimen demonstrationum politicarum pro elegendo rege Polonorum. Wilna [d. i. Königsberg] 1669
Marii Nizolii de veris principiis et vera ratione philosophandi contra pseudophilosophos, Libri IV. Frankfurt (Sande) 1670
Hypothesis physica nova. Mainz (Küchler) 1671
Theoria motus abstracti seu Rationes motuum universales, a sensu et phaenomenis independentes. o. O. u. J. [Mainz 1671]
Caesarini Fürstenerii de Jure suprematus ac legationis principum germaniae. [1677]
Nova methodus pro maximis et minimis. In: Acta eruditorum, Oktober 1684, S. 467–473
Meditationes de cognitione, veritate et ideis. In: Acta eruditorum, November 1684, S. 537–542
Brevis demonstratio erroris memorabilis Cartesii. In: Acta Eruditorum, März 1686, S. 161–163
Tentamen de motuum caelestium causis. In: Acta eruditorum, Februar 1689, S. 82–96
Codex juris gentium diplomaticus. Hannover (Ammon) 1693
Specimen Dynamicum, pro admirandis naturae legibus circa corporum vires et mutuas actiones detegendis, et ad suas causas revocandis. In: Acta eruditorum, April 1695, S.145–157 (dt. Übers. vgl. den letzten Titel des folgenden Kap.)
Système nouveau de la nature et de la communication des substances, aussi bien que de l'union qu'il y a entre l'âme et le corps. In: Journal des Sçavans, 27. Juni 1695, S. 294–300 und 4. Juli 1695, S. 301–306
Novissima Sinica historiam nostri temporis illustratura. 1697. – 2. erw. Aufl. 1699
De ipsa natura, sive De vi insita, actionibusque creaturarum; pro dynamicis suis confirmandis illustrandisque. In: Acta eruditorum, September 1698, S. 427–440
Scriptores rerum Brunsvicensium. T. I–III. Hannover (Förster) 1707–11
Essais de Théodicée sur la bonté de Dieu, la liberté de l'homme et l'origine du mal. Amsterdam (Troyel) 1710
Clarke, Samuel: A collection of papers, which passed between the late learned Mr. Leibnitz, and Dr. Clarke, in the years 1715 and 1716. London (Knapton) 1717
Illustris vir Godofr. Guilielmi Leibnitii Collectanae etymologica. Hg. v. JOH. GEORG ECKART. Hannover (Förster) 1717
Des Hrn. Gottfried Wilhelm von Leibnitz... Lehr Sätze über die Monadologie, ingleichen von Gott und seiner Existenz, seinen Eigenschafften und von der Seele des Menschen... Hg. v. HEINRICH KOEHLER. Frankfurt und Leipzig (Meyer, Jena) 1720
Gottfried Wilhelm Leibnizens Protogaea oder Abhandlung von der ersten Gestalt der Erde und den Spuren der Historie in den Denkmalen der Natur. Hg. v. CHRISTIAN LUDWIG SCHEIDT. Leipzig und Hof (Bierling) 1749

Nouveaux essais sur l'entendement humain. In: Œuvres philosophiques latines et françaises de feu Mr. de Leibnitz. Hg. v. RUD. E. RASPE. Amsterdam und Leipzig (Schreuder) 1765

c) Wichtige deutschsprachige Ausgaben

Neue Abhandlungen über den menschlichen Verstand. Übers. u. hg. v. CARL SCHAARSCHMIDT. Leipzig (Dürr) 1873 (Philosophische Bibliothek. 56). – 3. Aufl. unter Benutzung der Schaarschmidtschen Übersetzung neu übers. u. hg. v. ERNST CASSIRER. Leipzig (Meiner) 1915 (Philosophische Bibliothek. 69). – Nachdr. 1971

Die kleineren philosophisch wichtigeren Schriften von G. W. Leibniz. Übers. u. hg. v. J. H. v. KIRCHMANN. 2 Bde. Leipzig (Koschny) 1879 (Philosophische Bibliothek. 1881 u. 82)

Die Theodizee. Übers. u. hg. v. J. H. v. KIRCHMANN. Leipzig (Koschny) 1879 (Philosophische Bibliothek. 79). – Neu übers. v. ARTUR BUCHENAU. Leipzig (Meiner) 1925 (Philosophische Bibliothek. 71). – 2., um ein Lit.verz. erweiterte Aufl. Hamburg (Meiner) 1968

Hauptschriften zur Grundlegung der Philosophie. Übers. v. ARTUR BUCHENAU. Hg. v. ERNST CASSIRER. 2 Bde. Leipzig 1904–1906 (Philosophische Bibliothek. 107 u. 108). – 2. Aufl. ebd. 1924. – Nachdruck Hamburg (Meiner) 1966 u. ö.

Vernunftprinzipien der Natur und der Gnade und Monadologie. Übers. v. ARTUR BUCHENAU, hg. v. HERBERT HERRING. Hamburg (Meiner) 1956 (Philosophische Bibliothek. 253). – 2. verm. Aufl. ebd. 1982

Metaphysische Abhandlung. Übers. u. hg. v. HERBERT HERRING. Hamburg (Meiner) 1958 (Philosophische Bibliothek. 260). – 2. durchges. Aufl. ebd. 1985

Fünf Schriften zur Logik und Metaphysik. Übers. u. hg. v. HERBERT HERRING. Stuttgart (Reclam) 1966 (Reclam Universal-Bibliothek. 1898). – Nachdr. ebd. 1975

Politische Schriften. Hg. v. HANS HEINZ HOLZ. 2 Bde. Frankfurt a. M. (Europäische Verlagsanstalt Frankfurt / Europa Verlag Wien) 1966–1967

Confessio philosophi. Übers. u. hg. v. OTTO SAAME. Frankfurt a. M. (Klostermann) 1967 (Quellen der Philosophie)

Allgemeine Untersuchungen über die Analyse der Begriffe und Wahrheiten. Übers. u. hg. v. FRANZ SCHUPP. Hamburg (Meiner) 1982 (Philosophische Bibliothek. 338)

Specimen dynamicum. Übers. u. hg. v. GÜNTER DOSCH, GLENN W. MOST, ENNO RUDOLPH. Hamburg (Meiner) 1982 (Philosophische Bibliothek. 339)

3. Hilfsmittel

BODEMANN, EDUARD: Der Briefwechsel des Gottfried Wilhelm Leibniz in der Königlichen öffentlichen Bibliothek zu Hannover. Hannover 1889. – Nachdr. Hildesheim 1966

BODEMANN, EDUARD: Die Leibniz-Handschriften der Königlichen öffentlichen Bibliothek zu Hannover. Hannover 1895. – Nachdr. Hildesheim 1966

HOFMANN, JOSEPH EHRENFRIED: Register zu Gottfried Wilhelm Leibniz: Mathematische Schriften und Der Briefwechsel mit Mathematikern. Hildesheim u. New York 1977 (Olms Paperback. 49)

Leibniz Lexicon. A dual concordance to Leibniz's Philosophische Schriften. Hg. v. REINHARD FINSTER, GRAEME HUNTER, ROBERT F. McRAE, MURRAY MILES u. WILLIAM SEAGER. Textband u. 65 Microfiches. Hildesheim u. New York 1988

4. Periodisches Organ der Leibniz-Gesellschaft

Studia leibnitiana. Jg. 1 (1969) hg. v. KURT MÜLLER und WILHELM TOTOK. Seit Jg. 4 (1972) hg. v. K. MÜLLER, HEINRICH SCHEPERS u. W. TOTOK. Seit Jg. 20 (1988) hg. v. GEORGE HENRY RADCLIFF PARKINSON, H. SCHEPERS u. W. TO-TOK. In loser Reihenfolge erscheinen zudem Supplementbände und Sonder-hefte, die meist thematisch gebunden oder monographischer Natur sind.

5. Romane

COLERUS, EGMONT: Leibniz. Der Lebensroman eines weltumspannenden Geistes. Berlin, Wien, Leipzig 1934 u. ö. – Neuausgabe u. d. T.: Leibniz. Leben und Werk eines Universalgenies. Wien u. Hamburg 1986

JOHANNSEN, CHRISTA: Leibniz. Roman seines Lebens. Berlin 1966. – 6. Aufl. ebd. 1976

6. Biographien, Gesamtdarstellungen

AITON, ERIC J.: Leibniz. A biography. Bristol u. Boston 1985

BÖHMER, GEORG WILHELM: Leibnitzens Bild von ihm selber entworfen. In: Maga-zin f. d. Kirchenrecht, die Kirchen- u. Gelehrtengesch. 1 (1787), S. 100–118

EBERHARD, JOHANN AUGUST: Gottfried Wilhelm Freyherr von Leibnitz. In: Pan-theon der Deutschen. Teil II (St. 2). Chemnitz 1795 – Nachdr. (zusammen mit Joh. G. v. Eckharts Biographie) Hildesheim 1982

ECKHART, JOHANN GEORG V.: Lebenslauf des Herrn von Leibnitz. In: Journal zur Kunstgeschichte u. zur allgemeinen Literatur. Hg. v. CHR. GOTTL. V. MURR. 7 (1779), S. 123–303. – Nachdr. (zus. mit Joh. Aug. Eberhards Biographie) Hil-desheim 1982

GUHRAUER, GOTTSCHALK EDUARD: Gottfried Wilhelm Freiherr von Leibnitz. Eine Biographie. 2 Bde. Breslau 1842. – 2. erw. Aufl. ebd. 1846. – Nachdr. d. 2. Aufl. Hildesheim 1966

Leibniz. Sein Leben – sein Wirken – seine Zeit. Hg. v. WILHELM TOTOK u. CARL HAASE. Hannover 1966

Leibniz. Zu seinem 300. Geburtstage 1646–1946. Hg. v. ERICH HOCHSTETTER. Berlin 1946–1952 (Lfg. 1–8)

MÜLLER, KURT, u. GISELA KRÖNERT: Leben und Werk von Gottfried Wilhelm Leibniz. Eine Chronik. Frankfurt a. M. 1969 (Veröffentlichungen des Leibniz-Archivs. 2)

ROSS, GEORGE MACDONALD: Leibniz. Oxford u. New York 1984 (Past Masters)

SEIDEL, WALDEMAR: Gottfried Wilhelm Leibniz. Leipzig, Jena, Berlin 1975

7. Philosophie

a) Gesamtdarstellungen

BELAVAL, YVON: Pour connaitre la pensée de Leibniz. Paris 1952. – Neuaufl. u. d. T.: Leibniz. Initiation à sa philosophie. Ebd. 1962. – 4. Aufl. ebd. 1975

BELAVAL, YVON: Leibniz critique de Descartes. Paris 1960. – 2. Aufl. ebd. 1969. – Nachdr. ebd. 1978

BROAD, CHARLIE DUNBAR: Leibniz. An Introduction. Cambridge u. London u. a. 1975. – 2., verb. Aufl. 1979

BROWN, STUART: Leibniz. Brighton 1984 (Philosophers in context)

CARR, HERBERT WILDON: Leibniz. London 1929 (Leaders of philosophy). – Nachdr. New York 1960 (Dover Publications. 624)

CASSIRER, ERNST: Leibniz' System in seinen wissenschaftlichen Grundlagen. Marburg 1902. – Neuaufl. Darmstadt 1962

FEUERBACH, LUDWIG: Darstellung, Entwicklung und Kritik der Leibnitz'schen Philosophie. Ansbach 1837. – Neue Ausg.: Hg. v. WERNER SCHUFFENHAUER, bearb. v. WOLFGANG HARICH. Berlin 1969 (Feuerbach. Ges. Werke. Bd. 3)

FISCHER, KUNO: Leibnitz und seine Schule. Mannheim 1855 (Geschichte der neueren Philosophie. 2). – 5. durchges. Aufl. u. d. T.: G. W. Leibniz. Leben, Werke und Lehre. Heidelberg 1920

GURWITSCH, ARON: Leibniz. Philosophie des Panlogismus. Berlin u. New York 1974

HEINEKAMP, ALBERT: Gottfried Wilhelm Leibniz. In: Klassiker des philosophischen Denkens. Bd. 1. Hg. v. NORBERT HOERSTER, München 1982, S. 274–320 (dtv [Taschenbücher] Wissenschaft. 4386). – 4. Aufl. ebd. 1988

HOLZ, HANS HEINZ: Leibniz. Stuttgart 1958 (Urban-Bücher 34). – 2., erw. u. überarb. Aufl. Leipzig 1983 (Reclams Universal-Bibliothek Bd. 964)

HUBER, KURT: Leibniz. Der Philosoph der universalen Harmonie. München 1951. – Nachdr. 1989 (Serie Piper. 934)

Leibniz. A collection of critical essays. Hg. v. HARRY G. FRANKFURT. Notre Dame u. London 1972 (Modern Studies in Philosophy). – Nachdr. ebd. 1976

MARTIN, GOTTFRIED: Leibniz. Logik und Metaphysik. Köln 1960. – 2., durchges. u. verm. Aufl. Berlin 1967

MATHIEU, VITTORIO: Introduzione a Leibniz. Rom 1976 (I filosofi. 26)

MATES, BENSON: The philosophy of Leibniz. Metaphysics and language. New York u. Oxford 1986

MOLL, KONRAD: Der junge Leibniz. Bde. 1 u. 2. Stuttgart-Bad Cannstadt 1978 u. 1982

POSER, HANS: Gottfried Wilhelm Leibniz. In: Klassiker der Philosophie. Bd. 1. Hg. v. OTFRIED HÖFFE. München 1981, S. 378–404

RESCHER, NICHOLAS: Leibniz. An introduction to his philosophy. Oxford 1979 (American philosophical quarterly library of philosophy. 1). – Nachdr. Lanham 1986

RUSSELL, BERTRAND: A critical exposition of the philosophy of Leibniz. Cambridge 1900. – 7. Aufl. London 1967

SANDVOSS, ERNST: Gottfried Wilhelm Leibniz. Jurist, Naturwissenschaftler, Politiker, Philosoph, Historiker, Theologe. Göttingen, Zürich u. Frankfurt 1976 (Persönlichkeit und Geschichte Bd. 89/90)

SCHMALENBACH, HERMANN: Leibniz. München 1921. – Nachdr. Aalen 1973
STAMMLER, GERHARD: Leibniz. München 1930 (Gesch. d. Philos. in Einzeldarstel-
lungen. Abt. IV. I. Bd. 19)

b) Metaphysik, Monadologie, Grundprinzipien, beste der möglichen Welten,
prästabilierte Harmonie

ADAMS, ROBERT MERRIHEW: Phenomenalism and corporeal substance in Leibniz.
In: Midwest Studies in Philosophy 8 (1983), S. 217–257
BLUMENFELD, DAVID: Is the best possible world possible? In: Philos. Review 84
(1975), S. 163–177
BURGELIN, PIERRE: Commentaire du Discours de Métaphysique de Leibniz. Paris
1959 (Etudes d'histoire et de philosophie religieuse de la Faculté de théologie
protestante de l'Université de Strasbourg. 51)
DILLMANN, EDUARD: Eine neue Darstellung der Leibnizischen Monadenlehre auf
Grund der Quellen. Leipzig 1891. – Nachdr. Hildesheim 1974
HACKING, IAN: The identity of indiscernibles. In: Journal of Philos. 72 (1975),
S. 249–256
ISHIGURO, HIDÉ: Pre-established harmony versus constant conjunction: a reconsi-
deration of the distinction between rationalism and empiricism. Dawes Hicks
Lecture on Philosophy. British Academy 1977. In: Proceedings of the British
Academy 63. 1977 (1978), S. 239–263. – Wiederabdr. in: Rationalism, empiri-
cism, and idealism. British Academy Lectures on the history of philosophy. Hg.
v. ANTHONY KENNY. Oxford 1986, S. 61–85
JALABERT, JAQUES: La théorie leibnizienne de la substance. Paris 1947 (Bibliothèque de philosophie contemporaine. Histoire de la philosophie et philosophie
générale)
JANKE, WOLFGANG: Leibniz. Die Emendation der Metaphysik. Frankfurt a. M.
1963 (Philosophische Abhandlungen. 23)
JOLLEY, NICHOLAS: Leibniz and phenomenalism. In: Studia leibnitiana 18 (1986),
S. 38–51
KAEHLER, ERICH: Leibniz. Der methodische Zwiespalt der Metaphysik der Sub-
stanz. Hamburg 1979
KAUPPI, RAILI: Einige Bemerkungen zum principium identitatis indiscernibilium
bei Leibniz. In: Zum Gedanken an den 250. Todestag von Gottfried Wilhelm
Leibniz. 1. Juli 1646–14. November 1716. Hg. v. ERICH HOCHSTETTER u.
GEORGI SCHISCHKOFF. Meisenheim/Glan 1966, S. 497–506 (Zeitschrift f. phi-
los. Forschung. 20, H. 3 u. 4)
Leibniz' Logik und Metaphysik. Hg. v. ALBERT HEINEKAMP u. FRANZ SCHUPP.
Darmstadt 1988 (Wege der Forschung. 328)
MAHNKE, DIETRICH: Leibnizens Synthese von Universalmathematik und Individu-
almetaphysik. In: Jahrbuch f. Philosophie u. phänomenologische Forschung 7
(1925), S. 305–611 u. Sonderdr. Halle 1925. – Nachdr. Stuttgart-Bad Cannstatt
1964
MCRAE, ROBERT: Time and the monad. In: Nature and System 1 (1979), S. 103–109
PARKINSON, GEORGE HENRY RADCLIFF: Logic and reality in Leibniz's metaphysics.
Oxford 1965. – Nachdr. New York 1985
PHILOLENKO, ALEXIS: La loi de continuité et le principe des indiscernables. Etude
leibnizienne. In: Revue de métaphysique et de morale 72 (1967), S. 206–237

RESCHER, NICHOLAS: Leibniz and the evaluation of possible worlds. In: ders.: Studies in modality. Oxford 1974, S. 57–69 (American Philosophical Quarterly. Monograph Series. Monograph N° 8)

RUF, OSKAR: Die Eins und die Einheit bei Leibniz. Eine Untersuchung zur Monadenlehre. Meisenheim a. Glan 1973 (Monographien zur philos. Forschung. 77)

RUTHERFORD, DONALD PAUL: Leibniz on the Reality of Body. Berkeley 1988 [Diss.]

SAAME, OTTO: Der Satz vom Grund bei Leibniz. Ein konstitutives Element seiner Philosophie und ihrer Einheit. Mainz 1961

SCHEPERS, HEINRICH: Zum Problem der Kontingenz bei Leibniz. Die beste der möglichen Welten. In: Collegium philosophicum. Studien. Joachim Ritter zum 60. Geburtstag. Hg. v. ERNST-WOLFGANG BÖCKENFÖRDE u. a. Basel 1965, S. 326–350

SCHMIDT, FRANZ: Logik und Metaphysik bei Leibniz. In: Studia leibnitiana 3 (1971), S. 85–99

SLEIGH, ROBERT: Leibniz on the simplicity of substance. In: Essays on the philosophy of Leibniz. Hg. v. MARK KULSTAD. Houston 1977 (Rice University Studies. 63, 4), S. 107–121

SLEIGH, ROBERT: Truth and sufficient reason in the philosophy of Leibniz. In: Leibniz: Critical and interpretative essays. Hg. v. MICHAEL HOOKER. Manchester 1982, S. 209–242

WILSON, CATHERINE: Leibniz's Metaphysics. A historical and comparative study. Manchester 1989 (Studies in intellectual history and the history of philosophy)

ZOCHER, RUDOLF: Vom zureichenden Grund bei Leibniz. Eine Problemstellung. In: Beiträge zur Leibniz-Forschung. Hg. v. GEORGI SCHISCHKOFF. Reutlingen 1947, S. 67–87 (Monographien zur philosophischen Forschung. 1)

c) Logik, Erkenntnistheorie, Characteristica universalis, Sprachwissenschaft

BURKHARDT, HANS: Logik und Semiotik in der Philosophie von Leibniz. München 1980 (Analytica)

COUTURAT, LOUIS: La logique de Leibniz. Paris 1901. – Nachdr. Hildesheim 1961

DASCAL, MARCELO: La sémiologie de Leibniz. Paris 1978 (Analyse de raison. 26)

HEIMSOETH, HEINZ: Die Methode der Erkenntnis bei Descartes und Leibniz. Bd. 2: Leibniz' Methode der formalen Begründung. Gießen 1914 (Philosophische Arbeiten. 6.2)

HEINEKAMP, ALBERT: Ars characteristica und natürliche Sprache bei Leibniz. In: Tijdschrift voor Filosofie 34 (1972), S. 446–468

ISHIGURO, HIDÉ: Leibniz's philosophy of logic and language. London 1972

KAUPPI, RAILI: Über die Leibnizsche Logik. Mit besonderer Berücksichtigung des Problems der Intension und der Extension. Helsinki 1960 (Acta Philosophica Fennica Fasc. 12). – Nachdr. New York u. London 1985

LENDERS, WINFRIED: Die analytische Begriffs- und Urteilstheorie von G. W. Leibniz und Chr. Wolff. Hildesheim 1971

MCRAE, ROBERT: Perception, Apperception and Thought. Toronto, Buffalo u. London 1976. – Nachdr. ebd. 1978

MUGNAI, MASSIMO: Astrazione e realtà. Saggio su Leibniz. Mailand 1976

POSER, HANS: Zur Theorie der Modalbegriffe bei G. W. Leibniz. Wiesbaden 1969 (Studia leibnitiana Suppl. 6)

SCHEPERS, HEINRICH: Leibniz' Arbeiten zu einer Reformation der Kategorien. In: Zeitschrift für philosophische Forschung 20 (1966), S. 539–567

SCHEPERS, HEINRICH: Scientia generalis. Ein Problem der Leibniz-Edition. In: Leibniz. Tradition und Aktualität (= Akten des V. Internationalen Leibniz-Kongresses, Bd. II). Hannover 1988, S. 350–359

SCHULENBURG, SIGRID VON DER: Leibniz als Sprachforscher. Frankfurt a. M. 1973 (Veröffentlichungen des Leibniz-Archivs. 4)

d) Praktische Philosophie, Ethik, Freiheitstheorie, Theodizee-Problem

AXELOS, CHRISTOS: Die ontologischen Grundlagen der Freiheitstheorie von Leibniz. Berlin u. New York 1973

FINSTER, REINHARD: Spontaneität, Freiheit und unbedingte Kausalität bei Leibniz, Crusius und Kant. In: Studia leibnitiana 14 (1982), S. 266–277

GABAUDE, JEAN-MARC: Liberté et raison. La liberté et sa réfraction chez Spinoza et chez Leibniz. Bd. 3: Philosophie justificatrice de la liberté. Toulouse 1974 (Publications de l'Université de Toulouse-Le Mirail, Série A, Bd. 21)

GRUA, GASTON: Jurisprudence universelle et théodicée selon Leibniz. Paris 1953 (Bibliothèque de philos. contemporaine. Histoire de la philos. et philos. générale). – Nachdr. New York u. London 1985

HEINEKAMP, ALBERT: Das Problem des Guten bei Leibniz. Bonn 1969 (Kantstudien Ergänzungshefte. 98)

HEINEKAMP, ALBERT: Das Glück als höchstes Gut in Leibniz' Philosophie. In: The Leibniz Renaissance. Florenz 1989 (Bibliotheca di storia della scienza. 28), S. 99–125. – Überarbeitung von: Leibniz und das Glück. In: Zur Architektonik der Vernunft. Manfred Buhr zum 60. Geburtstag. Hg. v. LOTHAR BERTHOLD. Berlin 1987, S. 91–116

HOSTLER, JOHN: Leibniz's moral philosophy. London 1975

JALABERT, JAQUES: Le dieu de Leibniz. Paris 1960

LE CHEVALIER, LOUIS: La morale de Leibniz. Paris 1933 (Bibliothèque d'Histoire de la Philosophie)

PARKINSON, GEORGE HENRY RADCLIFF: Leibniz on human freedom. Wiesbaden 1970 (Studia leibnitiana. Sonderheft 2)

ROLDÀN PANADERO, MARIA CONCEPTION: Contingencia y necesidad en Leibniz. El problema de la libertad. [Madrid] 1987 [Diss.]

WEIZSÄCKER, CARL FRIEDRICH V.: Naturgesetz und Theodizee. In: Archiv f. Philos. 2 (1948), S. 96–105. – Neuabdruck in: HANS-PETER DÜRR (Hg.): Physik und Transzendenz. Die großen Physiker unseres Jahrhunderts über ihre Begegnung mit dem Wunderbaren. Bern, München u. Wien 1986, S. 250–261

WERNIGK, FERDINAND GOTTHARD FRANZ: Leibniz' Lehre von der Freiheit des menschlichen Willens. Würzburg 1890

8. Geschichte, Politik, Jurisprudenz

CONZE, WERNER: Leibniz als Historiker. 1951. (Lieferung 6 von: Leibniz. Zu seinem 300. Geburtstage 1646–1946. Hg. von ERICH HOCHSTETTER. Berlin 1946–1952)

ECKERT, HORST: Gottfried Wilhelm Leibniz' Scriptores Rerum Brunsvicensium.

Entstehung und historiographische Bedeutung. Frankfurt a. M. 1971

EISENKOPF, PAUL: Leibniz und die Einigung der Christenheit. Überlegungen zur Reunion der evangelischen und katholischen Kirche. München, Paderborn, Wien 1975

HAMMERSTEIN, NOTKER: Leibniz und das Heilige Römische Reich deutscher Nation. In: Nassauische Annalen 85 (1974), S. 87–102

Leibniz als Geschichtsforscher. Symposium des Istituto di Studi Filosofici Enrico Castelli und der Leibniz-Gesellschaft, Ferrara, 12. bis 15. Juni 1980. Hg. von ALBERT HEINEKAMP. Wiesbaden 1982 (Studia leibnitiana. Sonderheft 10)

REESE, ARMIN: Die Rolle der Historie beim Aufstieg des Welfenhauses 1680–1714. Hildesheim 1967

RITTER, PAUL: Leibniz' ägyptischer Plan. Darmstadt 1930

SCHEEL, GÜNTER: Leibniz und die deutsche Geschichtswissenschaft um 1700. In: Historische Forschung im 18. Jahrhundert. Organisation, Zielsetzung, Ergebnisse. Hg. von KARL HAMMER und JÜRGEN VOSS. Bonn 1976. S. 82–101

SCHNATH, GEORG: Geschichte Hannovers im Zeitalter der neunten Kur und der englischen Sukzession 1674–1714. Bd. 1–4. Leipzig und Hildesheim 1938–82

SCHNEIDER, HANS-PETER: Justitia universalis. Quellenstudien zur Geschichte des «christlichen Naturrechts» bei Gottfried Wilhelm Leibniz. Frankfurt a. M. 1967 (Juristische Abhandlungen. 7)

SCHNEIDERS, WERNER: Respublica optima. Zur metaphysischen und moralischen Fundierung der Politik bei Leibniz. In: Studia leibnitiana 9 (1977), S. 1–26

9. Naturphilosophie, Dynamik

COSTABEL, PIERRE: Leibniz et la dynamique. Les textes de 1692. Paris 1960 (Histoire de la pensée. Ecole pratique des hautes études. Sorbonne 1)

FREUDENTHAL, GIDEON: Atom und Individuum im Zeitalter Newtons. Frankfurt a. M. 1982

GALE, GEORGE: The physical theory of Leibniz. In: Studia leibnitiana 2 (1970), S. 114–127

GALE, GEORGE: Leibniz' dynamical Metaphysics and the origins of the vis viva controversy. In: Systematics 11,3 (1973), S. 184–207

GARBER, DANIEL: Motion and metaphysics in the young Leibniz. In: Leibniz. Critical and interpretative essays. Hg. v. MICHAEL HOOKER. Manchester 1982, S. 160–184

GUEROULT, MARTIAL: Leibniz. Dynamique et métaphysique. Paris 1967 (Analyse et Raison. 7)

KNESER, ADOLF: Das Prinzip der kleinsten Wirkung von Leibniz bis zur Gegenwart. Leipzig 1928. (Wissenschaftliche Grundfragen. 9)

Leibniz' Dynamica. Hg. v. ALBERT HEINEKAMP. Stuttgart 1984 (Studia leibnitiana. Sonderheft 13)

The natural philosophy of Leibniz. Hg. v. KATHLEEN OKRUHLIK u. JAMES ROBERT BROWN. Dordrecht, Boston, Lancaster, Tokyo 1985 (The University of Western Ontario Series in Philosophy of Science. 29)

STAMMEL, HANS: Der Kraftbegriff in Leibniz' Physik. Mannheim 1982 [Diss.]

10. Mathematik, Prioritätsstreit

Biermann, Kurt-Reinhard: Überblick über die Studien von G. W. Leibniz zur Wahrscheinlichkeitsrechnung. In: Sudhoff's Archiv 51 (1967), S. 79–85

Bos, Hendrik Jan Maarten: Differentials, higher-order differentials and the derivative in the Leibnizian calculus. In: Archive for Hist. of Exact Sciences 14 (1974), S. 1–90

Echeverría, Javier: La Intuicion en matematicas: Las figuras y el lugar. Madrid 1975 [Diss.]

Echeverría, Javier: [Characteristica geometrica] P. 1: La Caractéristique géométrique de Leibniz en 1679. P. 2: Edition critique des manuscrits concernant la caractéristique géométrique de Leibniz en 1679. Paris 1979 [MS]

Fleckenstein, Joachim Otto: Der Prioritätsstreit zwischen Leibniz und Newton. Isaac Newton. Basel u. Stuttgart 1956 (Elemente der Mathematik. Beiheft 12). – 2. Aufl. ebd. 1977

Fleckenstein, Joachim Otto: Leibniz als Naturphilosoph und Mathematiker des Barock. In: Leibniz. Der [I.] Internationale Leibniz-Kongreß. Hg. v. Rolf Schneider u. Wilhelm Totok, Hannover 1968, S. 49–64

Hall, A. Rupert: Philosophers at war. The quarrel between Newton and Leibniz. Cambridge, London u. a. 1980

Hess, Heinz-Jürgen: Zur Vorgeschichte der ‹Nova methodus› (1676–1684). In: 300 Jahre ‹Nova methodus› von G. W. Leibniz. Hg. v. Albert Heinekamp. Wiesbaden 1986 (Studia leibnitiana. Sonderh. 14), S. 76–102

Hofmann, Joseph Ehrenfried: Die Entwicklungsgeschichte der Leibnizschen Mathematik während des Aufenthaltes in Paris (1672–1676), München 1949. – Engl. Neubearb.: Leibniz in Paris 1672–1676. His growth to mathematical maturity, Cambridge 1974

Hofmann, Joseph Ehrenfried, u. Heinrich Wieleitner mit Zusätzen v. Dietrich Mahnke: Die Differenzrechnung bei Leibniz. In: Sitzungsberichte d. Preuß. Akad. d. Wiss. zu Berlin. Physikal.-mathem. Kl. 26 (1931), S. 562–600. – Auch als Sonderdr. Berlin 1931

Knobloch, Eberhard: Die entscheidende Abhandlung von Leibniz zur Theorie linearer Gleichungssysteme. In: Studia leibnitiana 4 (1972), S. 163–180

Knobloch, Eberhard: Die mathematischen Studien von G. W. Leibniz zur Kombinatorik, Wiesbaden 1973 (Studia leibnitiana. Suppl. 16)

Knobloch, Eberhard: Unbekannte Studien von Leibniz zur Eliminations- und Explikationstheorie. In: Archive for Hist. of Exact Sciences 12 (1974), S. 142–173

Knobloch, Eberhard: Der Beginn der Determinantentheorie. Leibnizens nachgelassene Studien zum Determinantenkalkül. Textband im Zusammenhang mit dem gleichnamigen Abhandlungsband fast ausschließlich zum ersten Mal nach den Originalschriften. Hildesheim 1980 (arbor scientiarum. Beiträge zur Wissenschaftsgeschichte. R. B: Texte. 2)

Knobloch, Eberhard: Leibniz und sein mathematisches Erbe. In: Mitteilungen der Mathem. Gesellschaft der DDR (1984), S. 7–35

Knobloch, Eberhard: Leibniz et son manuscrit inédite sur la quadrature des sections coniques. In: The Leibniz Renaissance, Florenz 1989 (Biblioteca di storia della scienza Bd. 28), S. 127–151

MAHNKE, DIETRICH: Leibniz als Begründer der symbolischen Mathematik. In: Isis 9 (1927), S. 279–293

MAHNKE, DIETRICH: Zur Keimesgeschichte der Leibnizschen Differentialrechnung. In: Sitzungsberichte d. Ges. z. Beförd. d. ges. Natwiss. [Marburg] 67 (1932), S. 31–69

SCHNEIDER, IVO: Leibniz on the probable. In: Mathematical Perspectives. Essays on mathematics and its historical development. Hg. v. J. W. DAUBEN. New York u. a. 1981, S. 201–219

ZACHER, HANS JOACHIM: Die Hauptschriften zur Dyadik von G. W. Leibniz. Ein Beitrag zur Geschichte des binären Zahlensystems. Frankfurt a. M. 1973 (Veröffentlichungen des Leibniz-Archivs. 5)

11. Technik, Rechenmaschine

GERLAND, ERNST: Leibnizens Arbeiten auf physikalischem und technischem Gebiet. In: Zeitschr. d. Vereins deutscher Ingenieure 53 (1909), S. 1307–1313

HEINEKAMP, ALBERT: Leibniz' Bemühungen um eine Verbesserung des Bergbaus im Harz. Zur Problematik der Durchsetzung technischer Innovationen im 17. Jahrhundert. In: Die Technikgeschichte als Vorbild moderner Technik (Schriften der Georg-Agricola-Gesellschaft. 12, 1986), S. 7–29

HORST, ULRICH, u. JÜRGEN GOTTSCHALK: Über die Leibniz'schen Pläne zum Einsatz seiner Horizontalwindkunst im Oberharzer Bergbau und ihre mißglückte Durchführung. In: Akten des II. Internationalen Leibniz-Kongresses, Bd. 1 (Studia leibnitiana. Suppl. 12), Wiesbaden 1973, S. 35–59

MACKENSEN, LUDOLF V.: Die Vorgeschichte und die Entstehung der 4-Spezies-Rechenmaschine von Gottfried Wilhelm Leibniz nach bisher unerschlossenen Manuskripten und Zeichnungen. München 1968 [Diss.]

MACKENSEN, LUDOLF V.: Leibniz als Ahnherr der Kybernetik – ein bisher unbekannter Leibnizscher Vorschlag einer ‹Machina arithmetica dyadicae›. In: Akten des II. Internationalen Leibniz-Kongresses, Bd. 2 (Studia leibnitiana. Suppl. 13), Wiesbaden 1974, S. 255–268

SCHNEIDER, MARTIN: Leibniz über Geist und Maschine. In: Philos. Jahrbuch 92 (1985), S. 335–352

12. Akademie, Wissenschaftsorganisation

HARNACK, ADOLF VON: Geschichte der Königlich Preussischen Akademie der Wissenschaften zu Berlin. Bd. 1–3. Berlin 1900. – Nachdr. Hildesheim 1970

HINRICHS, KARL: Die Idee des geistigen Mittelpunktes Europas im 17. und 18. Jahrhundert. In: Ders.: Preußen als historisches Problem. Gesammelte Abhandlungen. Hg. von GERHARD OESTREICH. Berlin 1964. S. 272–298

KNOBLOCH, EBERHARD: Die Akademie der Wissenschaften zu Berlin. In: Philosophie und Wissenschaft in Preußen. Hg. von FRIEDRICH RAPP und HANS-WERNER SCHÜTT. Berlin 1982. S. 115–143

SCHNEIDERS, WERNER: Sozietätspläne und Sozialutopie bei Leibniz. In: Studia leibnitiana 7 (1975), S. 58–80

TOTOK, WILHELM: Leibniz als Wissenschaftsorganisator. In: Ders. und CARL HAASE (Hg.): Leibniz. Hannover 1966. S. 293–320

Dank

Für ihre kollegiale Hilfe danken wir Ingrid Dietsch, Dr. James O'Hara und vor allem Dr. Heinz-Jürgen Heß, von dessen Hinweisen und Ratschlägen wir viel profitierten. Er fertigte auch die drei im Text abgedruckten mathematischen Zeichnungen an. Dr. Wolfgang Dittrich, der Direktor der Niedersächsischen Landesbibliothek, erteilte uns sehr großzügig die Druckerlaubnis für alle diejenigen Bilddokumente, die sich im Besitz der Landesbibliothek befinden. Anke Hölzer nahm uns manche Arbeit beim Auffinden und Ausleihen von Handschriften und Bildmaterial ab. Dieter Henkel erstellte von fast allen in diesem Band abgedruckten Bildmaterialien die Fotos. Auch ihnen gilt unser Dank.

Namenregister

Die kursiv gesetzten Zahlen verweisen auf die Abbildungen

Über die Autoren

Reinhard Finster, geb. 1955. Studium der Philosophie, Germanistik und Politischen Wissenschaften an der Universität des Saarlandes in Saarbrücken und an der Universität Trier. 1981–1982 wissenschaftlicher Mitarbeiter an der Universität Trier. 1984 Forschungsaufenthalt an der University of Toronto. 1985 Promotion an der Universität Trier; seit 1985 wissenschaftlicher Mitarbeiter beim Leibniz-Archiv der Niedersächsischen Landesbibliothek, Hannover.
Publikationen zur Leibnizschen Philosophie und ihrer Wirkung sowie zur Philosophie der deutschen Aufklärung, Mitherausgeber der Philosophischen Hauptwerke von Christian August Crusius (Hildesheim/New York 1987) und des «Leibniz-Lexicons» (Hildesheim/New York 1988). Herausgeber einer in Vorbereitung befindlichen umfangreichen Ausgabe des Philosophischen Briefwechsels von G. W. Leibniz (erscheint im Felix Meiner Verlag, Hamburg).

Gerd van den Heuvel, geb. 1954. Studium der Geschichte, Germanistik und Politischen Wissenschaften an der Ruhr-Universität Bochum. 1979–1983 wissenschaftlicher Mitarbeiter an der Universität Bamberg. 1984 Promotion an der Ruhr-Universität. Seit 1985 wissenschaftlicher Mitarbeiter beim Leibniz-Archiv der Niedersächsischen Landesbibliothek, Hannover.
Publikationen: Grundprobleme der französischen Bauernschaft 1730–1794 (München/Wien 1982). Der Freiheitsbegriff der Französischen Revolution (Göttingen 1988). Mitherausgeber des Handbuchs politisch-sozialer Grundbegriffe in Frankreich 1680–1820 (München 1985 ff). Beiträge zur französischen Geschichte des 18. Jahrhunderts, zu Leibniz und seiner Zeit und zur norddeutschen Regionalgeschichte des 18. und 19. Jahrhunderts.

Quellennachweis der Abbildungen

Ein Gesamtverzeichnis der Reihe *rowohlts bildmonographien* finden Sie in der *Rowohlt Revue*. Jedes Vierteljahr neu. Kostenlos in Ihrer Buchhandlung.

Medizin / Psychologie / Naturwissenschaft

rororo bildmonographien